# INVESTIGAÇÃO CRIMINAL CONSTITUCIONAL

**EMERSON GHIRARDELLI COELHO**

Mestre em Direito Processual Penal pela Pontifícia Universidade Católica de São Paulo e Especialista em Direito Penal pela Escola Superior do Ministério Público do Estado de São Paulo. Professor de Direito Penal e Direito Processual Penal em Cursos de Graduação e Pós-Graduação em Direito.
Professor Colaborador do Instituto Brasileiro de Formação e Capacitação – IBFC.
Professor concursado da Academia de Polícia "Dr. Coriolano Nogueira Cobra".
Delegado de Polícia do Estado de São Paulo.

# INVESTIGAÇÃO CRIMINAL CONSTITUCIONAL

Del Rey
editora

Belo Horizonte
2017

Impresso no Brasil | Printed in Brazil

EDITORA DEL REY LTDA
www.delreyonline.com.br

**Editor:** Arnaldo Oliveira

**Editor Adjunto:** Ricardo A. Malheiros Fiuza

**Editora Assistente:** Waneska Diniz

**Revisão:** RESPONSABILIDADE DO AUTOR

**Diagramação:** Lucila Pangracio Azevedo

**Capa:** Alfstudio

**Editora / MG**
Rua dos Goitacases, 71 - Lj. 20/24
CEP 30190-050 – Belo Horizonte – MG
TelS: (31) 3284-5845 – (31) 3284 3284
editora@delreyonline.com.br



C672i Coelho, Emerson Ghirardelli
Investigação criminal constitucional. / Emerson Ghirardelli Coelho. Belo Horizonte: Del Rey, 2017.
152 p.
ISBN: 978-85-384-0492-7
1. Investigação criminal, aspectos constitucionais, Brasil. I. Título.
CDU: 343.1:342

*Aos meus pais, Neuza e José, por me ensinarem sobre o valor do conhecimento e o seu poder transformador;*
*às minhas filhas Natália e Ana Beatriz, fontes de amor incondicional e inspiração infinita; e à minha querida Natália Paixão,*
*por me fazer enxergar que a arte de viver pressupõe paciência, simplicidade e, sobretudo, amor despretensioso.*

Nenhum homem é uma ilha, completa em si mesma; todo homem é um pedaço do continente, uma parte da terra firme. Se um torrão de terra for levado pelo mar, a Europa fica menor, como se tivesse perdido um promontório, ou perdido o solar de um teu amigo, ou o teu próprio. A morte de qualquer homem diminui a mim, porque na humanidade me encontro envolvido; por isso, nunca mandes indagar por quem os sinos dobram;eles dobram por ti.

*Por quem os sinos dobram*?

John Donne (1572-1631)

# SUMÁRIO

# PREFÁCIO

> "O que permite tornar legível o real é mostrar simplesmente que ele foi possível"[1]

Em uma manhã de outono, do ano de 2016, recebi o honroso convite de prefaciar a obra de um amigo e estudioso do Direito, o professor Emerson Ghirardelli Coelho.

Acompanhei os passos de Emerson desde os seus primeiros dias, na Pontifícia Universidade Católica de São Paulo, como aluno ouvinte nas célebres aulas do Professor Doutor Marco Antônio Marques da Silva, no Núcleo de Pesquisa de Direito Processual Penal, do Programa de Pós-Graduação.

Sem medo de me alongar neste prefácio, mais que a obra em questão, fruto de uma valorosa e profunda pesquisa, o homem por traz dela merece ser conhecido pelos leitores.

Nascido na capital do Estado de São Paulo no ano de 1973, Emerson é o mais novo de três filhos.

Seu pai, de origem mineira, exerceu por mais de quatro décadas a profissão de auxiliar de enfermagem em São Paulo, enquanto sua mãe permanecia no lar, cuidando dos filhos e assegurando-lhes uma educação sob a ótica dos princípios cristãos que sustentam a sua família.

Com uma infância humilde, vivida no município de Embu das Artes, na denominada Grande São Paulo, sempre contou com o apoio e incentivo de seus pais para jamais afastar-se dos estudos, que foram realizados em escola pública, até sua chegada à Universidade.

Aos quinze anos de idade, como forma de ajudar com as despesas da família, começou a trabalhar como mensageiro em uma instituição bancária e, posteriormente, passou a atuar como escriturário em outra instituição do mesmo seguimento financeiro.

---

1 FOUCAULT, Michel. Nascimento da biopolítica: curso dado no Collège de France (1978-1979). São Paulo: Martins Fontes, 2008e.

No ano de 1995 foi aprovado em concurso público de ingresso na Polícia Militar do Estado de São Paulo, no cargo de Soldado, tendo galgado a graduação de Cabo, alguns anos depois, por concurso interno da Corporação, na qual permaneceu por cerca de nove anos, nas mais diversas atividades, desde o policiamento preventivo, atividades de inteligência policial, atividades administrativas e, também, de polícia judiciária militar.

Já na Polícia Militar demonstrou aptidão para a docência, lecionando a disciplina de Direitos Humanos em cursos de formação de Soldados Temporários.

No ano de 1997 ingressou no curso de Direito na Universidade Paulista e obteve o título de bacharel no ano de 2002.

Durante a graduação, estagiou nos anos de 2000 a 2002 no Ministério Público Federal, junto à Procuradoria Regional da República da 3ª Região, no programa de estágio em Direito, após aprovação em concurso.

No ano de 2002 foi aprovado no exame da Ordem dos Advogados do Brasil, todavia não exercendo a profissão de advogado, permanecendo na Polícia Militar do Estado de São Paulo, período em que passou a se dedicar ao estudo para concursos públicos na área jurídica.

No ano de 2003 foi aprovado no concurso para ingresso na carreira de Delegado de Polícia do Estado de São Paulo, sendo empossado no cargo em agosto de 2004.

Durante o curso de formação de Delegados, na Academia de Polícia, iniciou o curso de pós-graduação "lato sensu" em Direito Penal na Escola Superior do Ministério Público, concluindo-o no ano de 2006.

No mesmo ano começou a lecionar as disciplinas de Direito Penal e Direito Processual Penal na Faculdade de Direito de Taboão da Serra – FTS, seguindo desde então na carreira do magistério superior.

Em 2012 foi aprovado em concurso para professor da Academia de Polícia "Dr. Coriolano Nogueira Cobra", na cadeira de Inquérito Policial, passando a lecionar nos cursos de formação e aperfeiçoamento profissional.

Continuando a sua busca pelo aprimoramento como docente, no ano de 2013 foi admitido no Programa de Estudos Pós-Graduados em Direito da Pontifícia Universidade Católica de São Paulo, onde obteve o título de Mestre em Direito das Relações Sociais, no ano de 2016, com a dissertação que levou o título "Investigação Criminal Constitucional", e que agora sustenta a presente obra.

Em um trabalho atualizado sobre o Direito Processual Penal, o presente escrito tem a característica marcante do pensamento crítico, sobre questões essenciais ao Estado Democrático de Direito.

Destacou no constitucionalismo moderno a base dos princípios e valores democráticos que orientam o Estado Democrático de Direito brasileiro.

Tratou de abordar os limites ao poder de punir do Estado, em uma constitucionalização do processo penal, como garantia fundamental à justiça penal.

Explicitou, ainda, que as funções constitucionais e as garantias institucionais da Polícia Judiciária são instrumentos para assegurar o devido processo legal e a devida investigação criminal constitucional.

Por fim, em uma minuciosa análise dos elementos do inquérito policial, analisou seu valor como procedimento fundamental em um Estado Democrático de Direito, concluindo pela produção legítima de provas no inquérito como imprescindível para a justiça penal.

Enfim, a obra de Emerson Ghirardelli Coelho transcendeu conhecidas teorias acadêmicas sobre a investigação criminal, permitindo-nos um olhar novo para este importante instrumento, como garantia em um devido processo penal constitucional.

Uma obra que merece o entusiasmo dos profissionais e estudiosos do Direito, especialmente os que acreditam na Justiça.

CLÁUDIO JOSÉ LANGROIVA PEREIRA
Professor Doutor de Direito Processual Penal da Faculdade de Direito da Pontifícia Universidade Católica de São Paulo

# PRÓLOGO

A crise que acomete o sistema de Justiça Criminal brasileiro muitas vezes é imputada à ineficiência da Polícia Judiciária e à ineficácia do inquérito policial como meio de apuração de fatos delituosos.

Contudo, a problemática toma outro relevo quando se analisa a fundo a investigação criminal à luz dos princípios e valores constitucionais.

Passa-se, então, a perceber que as deficiências do procedimento investigatório não são de cunho estrutural, mas sim decorrentes de paradigmas interpretativos ultrapassados e incompatíveis com a atual ordem constitucional democrática.

Isso revela a necessidade de se colocar em prática uma hermenêutica processual penal contemporânea, em que a devida investigação criminal, constitucional e legalmente produzida, seja encarada como instrumento de proteção de direitos fundamentais, desvelando-se como verdadeira ferramenta de promoção da dignidade humana.

Alicerçadas nessas premissas devem seguir as construções doutrinárias e jurisprudenciais e as reformas legislativas que visem aprimorar a fase extrajudicial da persecução criminal, consolidando o inquérito policial como verdadeiro procedimento processual penal de cunho garantista, voltado a concretizar o ideal constitucional de processo justo, princípio este basilar do Estado Democrático de Direito.

O Autor

# INTRODUÇÃO

A presente obra destina-se ao estudo da investigação criminal sob o enfoque constitucional no Estado Democrático de Direito.

Enfrenta-se o tema que envolve a devida investigação legal realizada pela Polícia Judiciária, para revelar ser ela verdadeiramente um instituto processual penal voltado à efetivação de direitos e garantias fundamentais e apto a instrumentalizar a concretização do princípio maior da dignidade da pessoa humana.

Inicialmente, analisa-se a questão relacionada aos princípios e valores constitucionais como conformadores do Direito, tanto no aspecto legislativo como na aplicação e interpretação de seus institutos, com destaque para a dignidade humana e sua influência axiológico-normativa nos sistemas jurídicos contemporâneos.

Destaca-se que a Constituição da República Federativa do Brasil de 1988 e os valores que a permeiam, explícita e implicitamente, revelam-se como a força motriz dos instrumentos jurídicos mobilizados à concretização do Estado de justiça social que se busca implementar no país, inclusive pela via da Justiça Criminal.

Nessa esteira, aborda-se de maneira objetiva os princípios e valores constitucionais que fundamentam e limitam o Direito Penal à realidade democrática e, em seguida, o devido processo penal como garantia fundamental de acesso ao processo justo.

Dá-se ênfase, no entanto, às normas-princípio constitucionais que norteiam o Direito Processual Penal, demonstrando que cada uma delas tem por função primordial tornar concreto o exercício de algum direito fundamental e por finalidade precípua efetivar o princípio maior da dignidade da pessoa humana, por intermédio do direito criminal aplicado pela via do processo penal.

O debate sobre a abrangência do conceito de devido processo penal e das garantias dele decorrentes, como a ampla defesa, o contraditório, a igualdade das partes e a presunção de inocência, também ganha relevo neste escrito.

Trata-se, também, do paralelismo entre o direito de ação e o direito de defesa, ressaltando a característica marcante do sistema acusatório de processo penal constitucional democrático brasileiro, consistente na nítida separação de funções entre os órgãos investigador, acusador, defensor e julgador, como forma de garantir o equilíbrio entre os sujeitos parciais em todas as fases da persecução penal.

Busca-se, assim, expor algumas questões principais, de extrema relevância jurídica, relacionadas à primeira fase da *persecutio criminis*, destacando as influências do processo penal constitucional na devida investigação criminal e a vocação desta de servir como instrumento garantidor de direitos fundamentais.

Para isso, passa-se pelo estudo da Polícia Judiciária como órgão investigador natural, destacando as suas atribuições constitucionais e legais e as características do poder de polícia judiciária que lhe é inerente.

Além disso, ressalta-se a figura do delegado de polícia como membro dirigente da Polícia Judiciária e responsável pela presidência da investigação criminal, tratando de suas atribuições de natureza jurídica, prerrogativas funcionais e respectivos poderes.

Em seguida, analisa-se o inquérito policial desde sua origem, bem como a sua transformação, com o advento da Constituição Federal de 1988, em um procedimento de natureza processual penal, que passa a compor a garantia constitucional do devido processo penal.

Nesse contexto, recorre-se ao processo histórico pelo qual passou o inquérito policial no Brasil, pois, sem analisar a evolução deste instituto no tempo e confrontá-lo com alguns modelos que lhe são correlatos em outros países, não é possível compreender, interpretar e refletir sobre a sua realidade atual e as perspectivas para o futuro da investigação criminal democrática em nosso país.

Por conseguinte, aborda-se a necessidade de observância incondicional dos direitos e garantias fundamentais no transcorrer do procedimento extrajudicial, com realce para a ampla defesa e o contraditório mitigado, demonstrando a verdadeira vocação do inquérito policial de servir como instrumento processual voltado a conformar o *jus puniendi* estatal face o *status libertatis* do indivíduo.

Enfatiza-se, então, o papel relevante da defesa técnica na investigação criminal e sua participação na produção probatória, tendo em vista a posição do investigado como sujeito de direitos e detentor da prerrogativa de se ver assistido por profissional habilitado à defesa de seus interesses no procedimento de inquérito policial.

Trata-se, ainda, do indiciamento e sua necessária conformação com as normas processuais penais, que garantem ao suspeito que esse ato constritivo de direitos, quando cabível, seja formalizado por autoridade com atribuição constitucional e legal para a sua prática, mediante a respectiva fundamentação da decisão nos autos de um regular procedimento investigatório.

Ao final, conclui-se esta obra analisando a eficácia das provas produzidas na primeira fase da *persecutio criminis*, momento em que se enfatiza o acentuado valor probatório do inquérito policial, desde que produzido com observância das normas-princípio constitucionais processuais, procedimento este que chega às mãos do magistrado como instrumento substancial para formação de sua convicção jurídica acerca da verdade dos fatos, possibilitando a promoção de justiça penal com celeridade, segurança jurídica e respeito aos valores humanos fundamentais.

# Capítulo 1

# EVOLUÇÃO DO CONSTITUCIONALISMO MODERNO



No estudo da evolução do constitucionalismo moderno, verifica-se que as Constituições instituidoras dos denominados Estados de Direito surgem no período pós-revoluções liberais, impulsionadas pelos ideais iluministas e pautadas na filosofia racionalista dos séculos XVII e XVIII, sendo concebidas como forma de limitar o poder do soberano face às liberdades individuais, por intermédio das declarações de direitos.

Luís Roberto Barroso destaca que foi no século das luzes, sob a influência dos teóricos *contratualistas*, que renasceu o ideal constitucionalista, como forma de conter o arbítrio do poder absoluto e impor racionalmente o respeito às liberdades individuais. Esclarece, ainda, que as revoluções liberais do final do século XVIII, deflagradas nos Estados Unidos e na França, fizeram surgir as primeiras Constituições modernas, proclamadas em documentos escritos e caracterizadas pela formalidade procedimental e solenidade.[1]

Essa primeira geração de Constituições, típicas dos Estados Liberais de Direito, contribuíram para a submissão do poder político ao império da lei, negando os dogmas *jusnaturalistas* e separando o Direito da moral religiosa. Contudo, impuseram uma neutralidade exacerbada do Estado em relação à garantia e efetivação de direitos individuais e sociais, provendo uma retração do poder político.[2]

---

1 BARROSO, Luís Roberto. *Curso de direito constitucional contemporâneo: os conceitos fundamentais e a construção do novo modelo.* São Paulo: Saraiva, 2009, p. 43.

2 Essa retração foi bem traduzida na célebre frase de Vincent de Gournay (1712-1759): *Laissez faire, laissez passer, le monde va de lui même* (Deixe fazer, deixe passar, o mundo vai por si mesmo).

Com o objetivo de corrigir as imperfeições do Estado Liberal, os movimentos sociais dos séculos XIX e XX, impulsionados pela revolução industrial, levaram à consciência da necessidade de se buscar uma justiça social cunhada no conceito de Estado material de Direito e não mais no simples formalismo traduzido nos textos das Constituições liberais. Nasce, então, o constitucionalismo de segunda geração, característico do Estado Social de Direito, em que o qualificativo social se refere à correção do individualismo clássico liberal pela afirmação dos direitos sociais, na busca de realização dos objetivos de justiça social.[3]

Nessa concepção de Estado Social, afirma Elías Díaz[4], busca-se compatibilizar o capitalismo como forma de produção e a consecução do bem-estar social geral, servindo de base ao neocapitalismo típico do *Welfare State*, passando-se a inserir nas Constituições capítulos de direitos econômicos e sociais.

Contudo, a ambiguidade do Estado Social de Direito, revelada nas várias interpretações possíveis de serem atribuídas ao adjetivo *social*, acabou por possibilitar uma deturpação de seus principais objetivos, mergulhando-o em um positivismo jurídico divorciado de quaisquer valores essenciais à justiça das normas.[5]

Paulo Bonavides pontua a importante distinção entre os modelos de Estados liberal e socialista – que foram construídos com o claro objetivo de adequar a sociedade às novas categorias de poder surgidas em decorrência das grandes revoluções e proporcionar a sustentação dos novos sistemas econômicos adotados –, e o modelo de Estado social não totalitário, este sim proveniente das pacíficas mutações do corpo social e de seu elemento constitucional.[6]

Nessa linha, como forma de suplantar a crise de valores sofrida pelos Estados liberais e também pelos modelos de Estados socialistas, houve um caminhar no sentido de resgate das origens do princípio democrático, a fim

---

3 SILVA, José Afonso da. *Curso de Direito Constitucional Positivo.* 16ª ed. São Paulo: Malheiros, 1999, p. 119.

4 Apud SILVA, José Afonso da. *Curso...*, p. 119.

5 A Alemanha nazista, a Itália fascista, a Espanha franquista, Portugal salazarista, Inglaterra de Churchill e Attlee, a Quarta República Francesa e o Brasil após a Revolução de 1930 foram Estados Sociais, o que demonstra que esse tipo de modelo político, edificado sobre as bases de uma Constituição que prioriza direitos sociais, se compadece com regimes democráticos, fascistas e nacional-socialistas (BONAVIDES, Paulo. *Estado Social e Estado Liberal.* 10ª ed. São Paulo: Malheiros, 2011, p. 184).

6 BONAVIDES, Paulo. *Teoria Constitucional da Democracia Participativa (Por um Direito Constitucional de luta e resistência, por uma Nova Hermenêutica, por uma repolitização da legitimidade).* 3ª ed. São Paulo: Malheiros, 2008, p. 150-151.

de alçá-lo à condição de fundamento material do Estado constitucional de Direito e base para a promoção da dignidade humana, culminando no modelo de Estado Social e Democrático de Direito.[7]

## 1.1 CONSTITUCIONALISMO E ESTADO DEMOCRÁTICO DE DIREITO

O Estado Democrático de Direito, de cunho social, surge, então, como ideal de Estado de justiça material, servindo de base a uma sociedade democrática, incorporando todo o povo nos mecanismos de controle das decisões e efetivando sua real participação nos destinos da Nação. Pauta-se esse modelo no império da lei, mas a lei que busque uma igualdade material de condições entre os socialmente desiguais e não uma lei generalista, que imponha apenas uma igualdade formal, como no Estado Liberal de Direito.[8]

Luís Roberto Barroso explana que a alma do Estado constitucional de Direito revela-se no sentido material de democracia, entendido como muito mais do que a simples ideia de governo da maioria, mas sim de governo construído para todos, indistintamente.[9]

O referido constitucionalista prossegue esclarecendo que a realização da democracia em sua dimensão mais profunda pressupõe que o Estado respeite não só os direitos individuais, mas todos os direitos fundamentais, inclusive os de cunho social, indispensáveis ao estabelecimento de *standards* mínimos de igualdade material, sem os quais não é possível promover dignidade e desfrutar da plena liberdade.[10]

Nas Constituições democráticas, portanto, a participação popular nas decisões políticas passa a ser um valor constitucional que se irradia sobre o Estado de Direito e serve como ferramenta de correção das imperfeições do sistema de organização social pautado na concepção do Estado como detentor do poder soberano e absoluto.

Essas Constituições contemporâneas, tipicamente rígidas, refletem o denominado *neoconstitucionalismo*, fundado nas ideias pós-positivistas, que

---

7 A denominação *Estado Social e Democrático de Direito* é hoje utilizada pelas atuais Constituições da Alemanha (1948) e da Espanha (1978) para designar um Estado preocupado com os direitos fundamentais sociais, além dos direitos individuais consagrados pelo modelo de *Estado Liberal de Direito*, sob um regime democrático de governo. Portugal, por sua vez, utiliza a designação *Estado de Direito Democrático* que, para José Afonso da Silva (op. cit., p. 123), não seria a denominação mais adequada, pois a democracia não qualificaria diretamente o Direito, mas sim o Estado como organização político-social, refletindo seus valores sobre todo o ordenamento jurídico que o rege.

8 SILVA, José Afonso da. Op. cit., p. 121-126.

9 Op. cit., p. 41.

10 Idem.

buscam resgatar os valores humanos universais fundamentais e alçá-los ao patamar de base axiológica do sistema jurídico estabelecido, conciliando o *juspositivismo* aos postulados principiológicos.

O *neoconstitucionalismo*, contudo, recebe críticas de jusfilósofos como Michel Troper[11], que sustenta uma incompatibilidade intransponível da própria ideia de *constitucionalismo* com o *juspositivismo* clássico e aponta esse movimento doutrinário contemporâneo como uma reaproximação do Direito à moral *jusnaturalista*.

Luigi Ferrajoli, por seu turno, não vê o *constitucionalismo* em si como uma negação ao *juspositivismo*, mas denuncia essa característica no *neoconstitucionalismo*. Argumenta que a concepção de *constitucionalismo garantista*, por ele defendida, "mesmo teorizando a dimensão estática inserida no positivismo jurídico pelas normas substanciais das Constituições, rejeita a tentação de voltar a confundir direito e moral, inclusive na forma do constitucionalismo ético", risco ao qual estaria exposto o denominado *neoconstitucionalismo*[12].

Portanto, para o referido jusfilósofo italiano o *constitucionalismo garantista* seria a construção teórica mais condizente com a realidade das Constituições contemporâneas, por melhor traduzir a natureza jurídica da força vinculante das normas nelas positivadas.

Adotando posição intermediária e conciliatória, Paulo Bonavides sustenta que o constitucionalismo contemporâneo se funda na *bidimensionalidade* das normas constitucionais, visto que são compostas pelo formal e o axiológico, por forma e matéria, por razão e valor. Passa-se a estabelecer, deste modo, uma preeminência do conteúdo principiológico constitucional em relação aos textos legislativos ordinários, promovendo uma metodologia interpretativa mais preocupada com o Direito propriamente dito do que com o formalismo legislativo.[13]

Esse movimento de resgate do conteúdo valorativo das normas pela via constitucional promove a reconciliação da dogmática com a hermenêutica, fundamentando a legitimidade de um novo Direito, mais ligado à vida que

---

11 Apud FERRAJOLI, Luigi. Constitucionalismo Garantista e Neoconstitucionalismo. Trad. André Karam Trindade. In: *Simpósio Nacional de Direito Constitucional da ABDConst. 9*. 2010. Curitiba-PR. Anais eletrônicos do IX Simpósio de Direito Constitucional da ABDConst. Curitiba: ABDConst., 2011, p. 95-113. Disponível em: <http://www.abdconst.com.br/revista3/anaiscompletos.pdf>. Acesso em 3 set. 2015, p. 97.

12 Ibidem, p. 113.

13 BONAVIDES, Paulo. *Teoria...*, p. 233.

à utopia, mais próximo e permeável à supremacia do princípio da dignidade da pessoa humana do que ao formalismo jurídico.[14]

Nesse diapasão, pode-se constatar que as Constituições contemporâneas promovem a chamada constitucionalização do Direito, como forma de consolidar e concretizar os seus valores-base, instituindo em seus textos normas-princípio ligadas diretamente aos vários ramos da ciência jurídica, normas estas de natureza vinculante em relação à atuação do legislador derivado e do aplicador do Direito.

É o que também conclui Luís Roberto Barroso, ao ressaltar que nas últimas décadas o mundo vem assistindo ao reconhecimento e à consolidação, do ponto de vista dogmático, da força normativa da Constituição, esta anteriormente entendida como diretriz política voltada primordialmente ao legislador e carente de tutela jurisdicional direta em caso de descumprimento, mas hoje tida como repositório de normas-princípio concebidas "como uma reserva de justiça na relação entre o poder político e os indivíduos, especificamente as minorias".[15]

O Brasil, seguindo essa tendência mundial, constituiu-se em um Estado Democrático de Direito em 1988 e assim se legitimou em uma Constituição democrática, com forte carga social e fruto da vontade popular representada pela Assembleia Nacional Constituinte que a promulgou.

Portanto, a conquista de efetividade normativa dos princípios e valores fundamentais no Brasil é acontecimento recente, levado a efeito somente após a derrocada do regime ditatorial militar, que perdurou neste país por mais de duas décadas.[16]

A nossa Constituição Federal deixa claro em seu texto que a democracia qualifica o Estado e irradia os seus valores sobre todos os elementos constitutivos deste, inclusive sobre a ordem jurídica que o rege. É o que se constata pela posição topográfica ocupada pelo princípio democrático, que na Constituição brasileira está expresso no texto do artigo 1º, dentre os demais princípios fundamentais.

No Estado brasileiro, portanto, o Direito se funda nos valores sociais fundamentais e deve ajustar-se ao interesse de todos e não apenas de uma minoria ou de uma maioria transitória, assim como toda a estrutura estatal deve se voltar ao interesse público e respeitar as liberdades individuais.

---

[14] Idem.

[15] Op. cit., p. 85.

[16] Idem.

Para Ingo Wolfgang Sarlet, essa proteção das liberdades fundamentais pressupõe a existência de um Estado constitucional, visto que a Constituição impõe uma atuação juridicamente programada e controlada por parte dos órgãos estatais, que devem agir norteados pelos princípios e valores constitucionais, sob pena de deslegitimarem as suas ações.[17]

Por isso, existe o reconhecimento expresso em nosso texto constitucional dos direitos fundamentais individuais e sociais e de suas respectivas garantias, todos dotados de força normativa e vinculante, como forma de possibilitar a realização de uma justiça social fundada na dignidade da pessoa humana.

### *1.1.1 Princípios e valores constitucionais democráticos*

A introdução de valores no Direito põe fim à dissociação estabelecida pelo *juspositivismo* entre razão pura e razão prática, promovendo a consolidação dos valores socialmente cultuados como essência fundamental dos princípios jurídicos, positivados ou não.

Robert Alexy, em sua *Teoria dos direitos fundamentais*, afirma que os princípios são mandamentos do tipo denominado *mandamentos de otimização*, que impõem um *dever-ser* e por isso pertencem ao âmbito deontológico. Os valores, por seu turno, pertencem ao âmbito axiológico, pois refletem o que é bom, o que é melhor.[18]

A diferença entre princípios e valores estaria reduzida, assim, no sistema de princípios, a um ponto: aquilo que no modelo de valores é *prima facie* o melhor, no modelo de princípios é *prima facie* o devido; e aquilo que no modelo de valores é definitivamente o melhor, no modelo de princípios é definitivamente o devido.[19]

O princípio, portanto, conforme conceitua Celso Antônio Bandeira de Mello, constitui-se em "mandamento nuclear de um sistema, verdadeiro alicerce dele, disposição fundamental que se irradia sobre diferentes normas compondo-lhes o espírito e servindo de critério para sua exata compreensão e inteligência, exatamente por definir a lógica e a racionalidade do sistema normativo, no que lhe confere a tônica e lhe dá sentido harmônico".[20]

---

17 SARLET, Ingo Wolfgang. *A eficácia dos direitos fundamentais: uma teoria geral dos direitos fundamentais na perspectiva constitucional.* 11ª ed. Porto Alegre: Livraria do Advogado, 2012a, p. 59.

18 ALEXY, Robert. *Teoria dos Direitos Fundamentais.* 2ª ed. Trad. Virgílio Afonso da Silva. São Paulo: Malheiros, 2012, p. 153.

19 Idem.

20 MELLO, Celso Antônio Bandeira de. *Curso de Direito Administrativo.* 12ª ed. São Paulo: Malheiros, 2000, p. 747-748.

Na mesma linha, Luís Roberto Barroso explana que os princípios se constituem em portas pelas quais "os valores passam do plano ético para o mundo jurídico. Em sua trajetória ascendente, os princípios deixam de ser fonte secundária e subsidiária do Direito para serem alçados ao centro do sistema jurídico. De lá, irradiam por todo o ordenamento, influenciando a interpretação e a aplicação das normas jurídicas em geral e permitindo a leitura moral do Direito".[21]

Ressalte-se que foi por intermédio da *jurisprudência dos valores*, surgida pós-segunda guerra mundial, que inicialmente se resgatou os ideais de justiça que devem ser incorporados pelo sistema jurídico, mesmo que não previstos em lei, afastando a possiblidade de se promover injustiças positivadas, com base em rígidos postulados *juspositivistas*.

A conhecida *fórmula de Radbruch*, construída pelo jusfilósofo alemão Gustav Lambert Radbruch em seu trabalho intitulado *Injustiça legal e direito supralegal* (1946), bem sintetiza esta visão, ao preceituar, grosso modo, que, sendo uma lei insuportavelmente injusta, sobre ela devem prevalecer os princípios de justiça, o que legitimaria o julgador a interpretar a norma aplicável ao caso concreto conforme estes valores supralegais que norteiam todo o sistema jurídico, entendidos hoje como valores humanos fundamentais.[22]

Friedrich Müller, em sua *Teoria Estruturante do Direito*, construída em meados dos anos 1960, vai além, defendendo a tese de que a norma jurídica é fruto da aplicação concreta do Direito aos conflitos sociais e é construída pelo julgador com base na realidade do caso concreto e não pelo legislador, servindo os textos positivados apenas como premissas democráticas de partida e limites jurídicos para a concretização legal e legítima das normas por intermédio da jurisdição.[23]

Robert Alexy, seguindo essa linha, submete os princípios a um procedimento de argumentação jurídica, pautado na proporcionalidade inerente aos direitos fundamentais, em suas três máximas parciais: adequação, necessidade e proporcionalidade em sentido estrito. Os princípios, assim, não seriam aplicados diretamente, sendo meio para a construção de uma regra de aplicação concreta, como forma de isolá-los e protegê-los das contaminações advindas da razão prática.[24]

---

21 Op. cit., p. 205.
22 BONAVIDES, Paulo. *Teoria...*, p. 206-209.
23 Idem.
24 Op. cit., p. 116-120.

Essa metodologia promove a necessária segurança jurídica e evita a abertura completa do sistema, permitindo, contudo, a sua permeabilidade aos valores eleitos pelo Estado democrático, mesmo que não positivados.

Como se vê, a natureza deontológica e a alma valorativa dos princípios constitucionais positivados os caracterizam como uma espécie de norma com força vinculante, assim como as demais regras que compõem o sistema jurídico, mas com primazia em relação a estas últimas.

É o que deixa claro Willis Santiago Guerra Filho, ao explanar que as "regras e princípios distinguem-se: a) quanto à sua estrutura lógica e deontológica, pela circunstância de as primeiras vincularem-se a fatos hipotéticos (*Tatbestande*) específicos, um determinado funtor ou operador normativo ('proibido', 'obrigatório', 'permitido'), enquanto aqueles outros – os princípios – não se reportam a qualquer fato particular, e transmitem uma prescrição programática genérica, para ser realizada na medida do jurídico e faticamente possível".[25]

Ressalta, ainda, o referido jusfilósofo brasileiro, que "dessa diferença estrutural básica decorrem inúmeras outras, como: b) quanto à *técnica de aplicação*, já que princípios normalmente colidem entre si, diante de casos concretos, o que leva ao chamado 'sopesamento' (*Abwägung*), para aplicar o mais adequado, ao passo que regras, uma vez aceita a subsunção a elas de certos fatos, inevitavelmente decorrem as consequências jurídicas nelas previstas, a não ser que elas não sejam válidas por conflitarem com outras de um grau superior, quando então, ao contrário do que se dá com os princípios, que apesar de contraditórios não deixam de integrar a ordem jurídica, a regra de grau inferior é derrogada".[26]

A força normativa das Constituições pós-positivistas traduz, portanto, a realidade de um sistema político-jurídico que não se subordina exclusivamente à vontade do legislador, como no positivismo clássico, em que se imprime aos princípios constitucionais natureza meramente programática e não vinculante.

O *neoconstitucionalismo* se pauta na concepção de que as normas-princípio constitucionais devem ser concretizadas diretamente pelo aplicador do Direto, mesmo diante de omissões ou abusos do legislador derivado, fazendo sempre prevalecer os valores eleitos pelo poder constituinte originário no texto da Constituição democrática.

---

25 GUERRA FILHO, Willis Santiago. *Teoria da ciência jurídica*. 2ª ed. Colab. Henrique Gaberllini Carnio. São Paulo: Saraiva, 2009, p. 149-150.

26 Idem.

Ferdinand Lassalle afirma que a verdadeira Constituição é aquela que reflete os reais fatores de poder que regem uma nação, sendo que esta Constituição real muitas vezes não coincide com a Constituição escrita, editada com base em interesses distintos daqueles que realmente direcionam a sociedade.[27]

Para esse constitucionalista, quando a Constituição formal refletir o conteúdo da Constituição real está-se diante de um texto constitucional juridicamente legítimo, caso contrário o sistema jurídico criado por uma *Constituição folha de papel* não teria como se sustentar, pois a Constituição, como lei básica, não seria legítima a fundamentar outras normas infraconstitucionais, que se tornariam, também, incompatíveis com os reais fatores de poder e inaplicáveis.

Konrad Hesse, por sua vez, sustenta que admitir a existência de uma Constituição real distinta da Constituição escrita revela-se uma verdadeira contradição, pois a Constituição jurídica está condicionada pela realidade histórica, mas não se caracteriza apenas pela expressão desta, graças ao elemento normativo que lhe é intrínseco, que ordena e conforma a realidade política e social aos seus objetivos político-jurídicos.[28]

Com apoio nessas ideias, pode-se constatar que o atual constitucionalismo democrático ainda enfrenta a complexidade de conciliar o jurídico e o fático, a soberania popular e os direitos fundamentais, o governo da maioria e a vida digna e em liberdade para todos, com justiça, pluralismo e diversidade.[29]

É possível concluir, no entanto, que o Estado Democrático de Direito alça o ser humano ao patamar mais elevado de toda a estrutura jurídico-política e social de um país, elegendo a sua dignidade como valor maior a ser concretizado e atribuindo força normativa e vinculante aos princípios e demais valores consagrados constitucionalmente, que se irradiam a todo o sistema jurídico, conformando o Estado e a realidade social aos objetivos definidos democraticamente na Carta Política.

### *1.1.2 Princípio da dignidade da pessoa humana*

Nesse ponto, passa-se a analisar mais detalhadamente o valor dignidade humana e sua elevação ao patamar de *metaprincípio*, que vincula e direciona

---

27 LASSALLE, Ferdinand. *A Essência da Constituição.* 2ª ed. Trad. Walter Stonner. Rio de Janeiro: Liber Juris, 1988.

28 HESSE, Konrad. *A Força Normativa da Constituição.* Trad. Gilmar Ferreira Mendes. Porto Alegre: Editora Sergio Antonio Fabris, 1991.

29 BARROSO, Luís Roberto. Op. cit., p. 41.

a organização estatal e a sociedade em geral, em seus aspectos político e jurídico, impondo um *dever-ser* positivado nas Constituições dos Estados Democráticos de Direito.

Em abordagem histórica desse tema, Ingo Wolfgang Sarlet registra que os valores dignidade humana, liberdade e igualdade "encontram suas raízes na filosofia clássica, especialmente na greco-romana, e no pensamento cristão".[30]

Na Grécia Antiga, a importância da existência humana era aferida por intermédio da verificação do grau de capacidade do indivíduo de atuar em prol do coletivo: quanto maior o engajamento e colaboração do cidadão para com as questões da *polis*, maior o seu status no contexto social.

Portanto, prevalecia na antiguidade a ideia de uma dignidade coletiva e não individual inerente à condição humana, até porque a sociedade grega se dividia em castas e os escravos não eram titulares de direitos civis.

A Roma Antiga, influenciada pela estrutura política predominante dos povos gregos e etruscos, não se afastou muito da concepção do ser coletivo, dignificando a figura daquele que agia em prol dos interesses do Império e relegando a segundo plano a condição humana individual, o que era possível constatar no tratamento dispensado aos escravos e aos cidadãos componentes de castas sociais inferiores.

Durante o período de declínio do Império Romano e ascensão do Cristianismo, os escritos de Santo Agostinho (354-430 d.C.) – principalmente a obra intitulada *Cidade de Deus* –, trouxeram os primeiros esboços filosóficos da construção de uma teoria sobre a existência humana e suas características distintivas dos demais seres vivos, o que fez surgir a ideia de que cada pessoa concentra em si atributos que a identificam como única no contexto existencial, tornando-a individualmente especial aos olhos do Criador.

Foi na Idade Média, ainda sob a influência do Cristianismo, que Santo Tomás de Aquino (1225-1274), em sua *Suma Teológica*, tratou pela primeira vez da dignidade humana, afirmando ser o homem composto de matéria e espírito, refletindo uma unidade substancial que o distingue dos demais seres pela racionalidade que possui. Revela-se, então, este teólogo e filósofo católico como um dos precursores do *jusnaturalismo*.

É o que constata Ingo Wolfgang Sarlet, ao discorrer que o pensamento de Santo Tomás de Aquino, além de defender a "concepção cristã de igualdade dos homens perante Deus, também professava a existência de duas ordens distintas, formadas, respectivamente, pelo direito natural, como

[30] Op. cit., p. 36-40.

expressão da natureza racional do homem, e pelo direito positivo, sustentando que a desobediência ao direito natural por parte dos governantes poderia, em casos extremos, justificar até mesmo o exercício do direito de resistência da população".[31]

Com o surgimento dos ideais humanistas e dos movimentos iluminista e renascentista no final da Idade Média, que culminaram nas grandes revoluções e levaram à derrocada do sistema feudal, os estudos filosóficos deram um grande salto no sentido de construção de teorias que tinham o ser humano como o centro das atenções e a sua existência digna como objetivo a ser atingido.

O *teocentrismo* cede espaço ao *antropocentrismo*, pensamento este que ganha força diante da necessidade de se negar o poder da Igreja e a influência de seus dogmas em relação aos destinos da humanidade. Na filosofia política dessa época destacaram-se o *contratualismo*, traduzido nos escritos de Thomas Hobbes (1588-1679), John Locke (1632-1704), Barão de Montesquieu (Charles-Louis de Secondat, 1689-1755) e Jean-Jacques Rousseau (1712-1778), e o *humanismo*, revelado nos escritos do Marquês de Beccaria (Cesare Bonesana, 1738-1794).

Durante o período que sucedeu às grandes revoluções que deram ensejo ao surgimento dos Estados Liberais, as ideias de Immanuel Kant (1724-1804) influenciaram sobremaneira a denominada filosofia da moral. Para este pensador o ser humano existe como um fim em si mesmo, nunca como um meio para a realização de vontades alheias e a dignidade humana, portanto, seria um valor intrínseco à cada indivíduo, superior a qualquer preço que lhe queiram fixar.[32]

O pensamento kantiano constitui, portanto, um "marco conclusivo desta fase da história dos direitos humanos. Para Kant, todos os direitos estão abrangidos pelo direito de liberdade, direito natural por excelência, que cabe a todo homem em virtude de sua própria humanidade, encontrando-se limitado apenas pela liberdade coexistente dos demais homens".[33]

Todavia, com o surgimento dos Estados Socialistas, impulsionados pela filosofia política de Karl Marx (1818-1883) e Friedrich Engels (1820-1895), a concepção de valorização do corpo social em sobreposição ao individualismo fez ressurgir o ideal de busca por uma dignidade coletiva, que levou à ditadura do proletariado e à violação de direitos individuais.

---

31 Ibidem, p. 38.
32 KANT, Immanuel. *A metafísica dos costumes*. Trad. Edson Bini. Bauru: EDIPRO, 2003.
33 SARLET, Ingo Wolfigang. Op. cit., p. 40.

Para Paulo Bonavides a versão de Estado socialista, levada a efeito pela Revolução Soviética, "configurou historicamente uma paradoxal forma política, tão negativa, tão rude e tão opressiva para a liberdade humana em razão dos desvios de poder, quanto haviam sido aquelas a que se propusera opugnar e abolir: a do absolutismo das velhas autocracias imperiais e a da burguesia, que trazia no ventre a ditadura do capitalismo".[34]

Seguindo a mesma tendência autoritária, os movimentos fascista e nazista, que sucederam as revoluções socialistas, culminaram nas barbáries praticadas durante a segunda guerra mundial, levando à efeito um desvirtuamento da ordem jurídica constitucional.

É o que revela Luís Roberto Barroso, ao descrever que "com a chegada de Adolf Hitler ao poder, deu-se a superação da Constituição de Weimar pela realidade política. Em março de 1933, foi publicada a 'lei de autorização' (*Ermächtigungsgesetz*), que permitia a edição de leis diretamente pelo governo imperial – na prática, pelo Chanceler Adolf Hitler –, ainda quando divergissem do texto constitucional".[35]

Após esse período trágico da história da humanidade, as Constituições dos Estados pós-guerra passaram a consagrar em seus textos o princípio da dignidade da pessoa humana como valor norteador de todo o sistema constitucional, político e social, reconhecendo o ser humano como centro do ordenamento jurídico. Buscou-se atribuir, assim, ao princípio da dignidade humana plena relevância jurídica, alçando-o a um patamar axiológico superior, tornando-o um valor fonte da hermenêutica constitucional contemporânea.[36]

Para Ingo Wolfgang Sarlet, dignidade da pessoa humana é "a qualidade intrínseca e distintiva em cada ser humano que o faz merecedor do mesmo respeito e consideração por parte do Estado e da comunidade, implicando, neste sentido, um complexo de direitos e deveres fundamentais que assegurem a pessoa tanto contra todo e qualquer ato de cunho degradante e desumano, como venha a lhe garantir as condições existenciais mínimas para uma vida saudável, além de propiciar e promover sua participação ativa e co-responsável nos destinos da própria existência e da vida em comunhão com os demais seres humanos, mediante o devido respeito aos demais seres que integram a rede da vida".[37]

---

[34] BONAVIDES, Paulo. *Teoria...*, p. 150.

[35] Op. cit., p. 35.

[36] As atuais Constituições da Alemanha (artigo 1º, nº 1), da Itália (artigo 3º), de Portugal (artigo 1º) e da Espanha (artigo 10, nº 1) consagraram o princípio da dignidade da pessoa humana como valor maior do Estado Democrático de Direito que instituíram.

[37] SARLET, Ingo Wolfgang. *Dignidade da pessoa humana e direitos fundamentais na Constituição Federal de 1988*. 9ª ed. 2ª tir. Porto Alegre: Livraria do Advogado, 2012, p. 73.

Na Constituição Federal brasileira de 1988, que sofreu a influência das cartas constitucionais europeias pós-segunda guerra mundial, foi inserido o princípio da dignidade da pessoa humana como fundamento da República e do Estado Democrático de Direito que inaugurou[38]. Com essa iniciativa, o constituinte originário avançou significativamente rumo à normatividade deste princípio, quando o transformou em valor basilar da ordem jurídica brasileira.

Ao qualificar expressamente a dignidade da pessoa humana como princípio fundamental o constituinte traduziu "a certeza de que o artigo 1°, inciso III, de nossa Lei Fundamental não contém apenas (embora também e acima de tudo) uma declaração de conteúdo ético e moral, mas que constitui norma jurídico-positiva dotada, em sua plenitude, de status constitucional formal e material e, como tal, inequivocamente carregado de eficácia".[39]

A dignidade humana, em sua perspectiva principiológica, atua, portanto, como um *mandado de otimização*, ordenando que seja observada e realizada na maior medida do possível, considerando as possibilidades fáticas e jurídicas existentes no caso concreto, o que a coloca na condição de vetor axiológico das transformações jurídicas e sociais a serem promovidas pela vigente Constituição Democrática brasileira.[40]

### *1.1.3 Sistema constitucional de direitos e garantias fundamentais*

É seguro afirmar, neste ponto, que a Constituição de um Estado não se encera em um documento formal e está condicionada ao modelo político-jurídico por ela adotado. Por isso, o rol de direitos fundamentais nela contido não é exaustivo, sendo orientado e complementado pelos valores humanos universais.

A Carta Constitucional brasileira elaborou um amplo e aberto sistema de direitos e garantias fundamentais, explícitos e implícitos, em seu texto. Os direitos e garantias individuais e sociais, previstos nos artigos 5° a 17 da Constituição Federal, traduzem princípios e valores explícitos de nosso ordenamento jurídico com força normativa e que devem nortear a atuação do legislador e dos aplicadores do Direito em geral, constituindo-se em verdadeiros instrumentos de concretização do princípio maior da dignidade da pessoa humana.

Grande parte da doutrina, apoiada na clássica definição de Ruy Barbosa, sustenta que os direitos fundamentais são aqueles contidos nas disposições

---

38 Cf. Constituição Federal, artigo 1°, inciso III.
39 SARLET, Ingo Wolfgang. *Dignidade...*, p. 84-85.
40 Ibidem, p. 87.

constitucionais meramente declaratórias e as garantias são disciplinadas por intermédio de normas criadoras de mecanismos assecuratórios, que visam limitar o poder estatal em face dos direitos declarados.[41]

Contudo, assevera José Afonso da Silva que, diante de nosso texto constitucional, não é conclusivo "afirmar que os direitos são declaratórios e as garantias assecuratórias, porque as garantias em certa medida são declaradas e, às vezes, se declaram direitos usando forma assecuratória".[42]

Jorge Miranda elucida o tema ao discorrer que os direitos fundamentais propriamente ditos distinguem-se das garantias por sua estrutura, natureza e função, pois os direitos representam bens jurídicos basilares à estruturação social e "as garantias destinam-se a assegurar condições para a fruição desses bens; os direitos são principais, as garantias acessórias e, muitas delas, adjetivas (ainda que possam ser objeto de um regime constitucional substantivo); os direitos permitem a realização das pessoas e inserem-se direta e imediatamente, por isso, nas respectivas esferas jurídicas, as garantias só nelas se projetam pelo nexo que possuem com os direitos; na acepção jusracionalista inicial, os direitos *declaram-se*, as garantias *estabelecem-se*".[43]

Sendo assim, verifica-se que os direitos fundamentais, por si só, refletem valores tutelados pelo sistema jurídico basilar de um Estado e as garantias, por sua vez, são estabelecidas como complemento para a sua efetiva realização, pois com eles guardam nexo de dependência.[44]

Pode-se, então, afirmar que as garantias constitucionais instrumentalizam a efetivação dos direitos fundamentais declarados e deles decorrem diretamente, ambos os institutos tendo por objetivo maior tutelar, de forma ampla e por todos os prismas, a dignidade humana.

Existe, portanto, uma íntima vinculação entre as noções de Estado de Direito, Constituição e direitos fundamentais, estes últimos entendidos como instrumentos de concretização do princípio da dignidade humana e dos valores que dele decorrem, a exemplo da igualdade, da liberdade e da justiça, pois estabelecem e garantem as condições mínimas existenciais e de legitimidade de um autêntico Estado Democrático de Direito.[45]

---

[41] BARBOSA, Ruy. *República, Teoria e Prática*. (Textos doutrinários sobre direitos humanos e políticos consagrados na primeira Constituição da República. Seleção e Coordenação de Hilton Rocha). Petrópolis e Brasília: Vozes e Câmara dos Deputados, 1978.

[42] Op. cit., p. 189.

[43] MIRANDA, Jorge. *Manual de Direito Constitucional (Direitos Fundamentais)*. 5ª ed. Coimbra: Editora Coimbra, 2014, tomo IV.

[44] Ibidem, p. 129-130.

[45] SARLET, Ingo Wolfgang. *A eficácia...*, p. 62.

A sistematização constitucional para efetivação dessas normas-princípio fundamentais passa, então, nesse modelo de garantias, pelo devido processo legal, que no Estado Democrático de Direito transcende a natureza originária liberal de garantia individual para atingir o status de garantia social, no sentido de servir como instrumento de promoção de justiça, realizada através do direito constitucional concretizado pela via processual.

A perspectiva do processo como concretizador das normas constitucionais penais é defendida por Winfried Hassemer, para quem "o *Direito Processual Penal* [...] proporciona como regra ao Processo Penal, o modo como um caso deve ser produzido e quando ele pode ser considerado validamente produzido. Nesta descrição, se se quer assim, se determina o Direito Processual Penal *como senhor do Processo Penal e como servidor do Direito Penal material.* O papel de senhor em nossa cultura jurídica é evidente; nele se realiza o princípio de que o Processo Penal é juridicamente ordenado e sob formas jurídicas e deve ser controlado pelo Direito. Por isso tem se designado oportunamente o Direito Processual Penal como *Direito Constitucional aplicado*".[46]

Isso denota, por conseguinte, a necessidade inadiável de se concretizar uma hermenêutica processual penal de cunho democrático, que entenda o processo como instrumento de concretização de princípios e valores constitucionais, permitindo conciliar o interesse coletivo com os direitos fundamentais individuais, promovendo segurança jurídica para a maioria, sem preterir os direitos das minorias, resultando em dignidade para todos.

---

[46] HASSEMER, Winfried. *Introdução aos fundamentos do Direito Penal*. Trad. Pablo Rodrigo Alflen da Silva. Porto Alegre: Editora Sergio Antonio Fabris, 2005, p. 172.

# CAPÍTULO 2

# LIMITES CONSTITUCIONAIS DO PODER DE PUNIR

**SUMÁRIO**: 2.1 Direito penal constitucional; 2.1.1 Crise do direito penal; 2.2 Constitucionalização do processo; 2.2.1 Processo penal como garantia fundamental; 2.2.2 Acesso à justiça penal; 2.2.3 Duração razoável do processo.

O conteúdo valorativo do princípio da dignidade da pessoa humana direciona a edição, a interpretação e a aplicação das normas constitucionais e infraconstitucionais de todas as espécies, inclusive e principalmente aquelas relativas ao Direito Penal e ao Direito Processual Penal. Isso respalda a constatação doutrinária da existência de uma Constituição Penal e de um Direito Processual Penal Constitucional.[1]

A constitucionalização do Direito Penal e do Processo Penal no Brasil efetivou-se por intermédio da inserção no texto da Constituição Federal de 1988 de normas-princípio que conformam e limitam o poder de punir do Estado, a exemplo daquelas que consagram os princípios da lesividade, da fragmentariedade ou subsidiariedade, da reserva legal, da intranscendência ou responsabilidade penal pessoal, da proporcionalidade da pena, da humanidade e do devido processo penal.[2]

Para Luciano Feldens "em um modelo de Estado constitucional de Direito a exemplo do nosso (Estado Social e Democrático de Direito), a ciência jurídico-penal (aqui entendidas, essencialmente, a política criminal e a dogmática jurídico-penal) não desfruta de existência autônoma em face

---

1 Cf. FELDENS, Luciano. *A Constituição Penal: a dupla face da proporcionalidade no controle de normas penais*. Porto Alegre: Livraria do Advogado, 2005; FERNANDES, Antonio Scarance. *Processo Penal Constitucional*. 7ª ed. São Paulo: Revista dos Tribunais, 2012; SILVA JÚNIOR, Walter Nunes da. *Curso de Direito Processual Penal: teoria (constitucional) do processo penal*. Rio de Janeiro: Renovar, 2008; TUCCI, Rogério Lauria. *Direitos e Garantias Individuais no Processo Penal Brasileiro*. 4ª ed. São Paulo: Revista dos Tribunais, 2011.

2 Cf. Constituição Federal, artigo 5º, incisos XXXIX e XL, XLV a L, LIII a LXVIII, LXXIV e LXXV, e LXXVIII.

da Constituição, senão que tem por ela definidos tanto os limites quanto os fundamentos de sua estruturação".[3]

Deste modo, são os valores que permeiam o texto constitucional que fazem emergir os bens jurídicos de maior relevância para a sociedade, os quais se apresentam como o substrato dos princípios constitucionais implícitos e explícitos, cujo conteúdo normativo vincula a edição e a aplicação das leis penais e processuais penais no sistema jurídico de um Estado.

Esses valores estão em constante tensão no meio social e necessitam, para garantia de sua integralidade, da segurança advinda das normas jurídicas, inclusive daquelas de natureza penal e processual penal, que são instrumentos últimos e excepcionais de tutela de direitos fundamentais.

## 2.1 DIREITO PENAL CONSTITUCIONAL

Como se vê, face à sistemática constitucional delineada no Estado Democrático de Direito, o poder estatal de punir em matéria penal está restrito às lesões e ameaças de lesões a bens jurídicos tutelados e suas possibilidades de intervenção nas liberdades individuais são especialmente limitadas.

Roberto Ferreira Archanjo da Silva pondera "que as leis penais constituem o direito de punir estatal e a obrigação de castigar, por isso, designa-se esse atributo estatal como poder-dever. Ao lado deste, o Estado tem outro dever extremamente relevante nos Estados Democráticos de Direito, qual seja, a tutela dos direitos humanos fundamentais".[4]

Por isso, a criminalização de condutas passa, necessariamente, pelos limites substanciais à criminalização, pela tipificação penal em face dos valores constitucionais, pelo conceito de bem jurídico penalmente tutelável e pelos mandados constitucionais de criminalização, instrumentos estes voltados à construção de um direito penal do fato e não do autor, que impede o sacrifício da dignidade humana a pretexto de se promover segurança coletiva.

Cláudio José Langroiva Pereira acredita que, na moderna ótica do Estado Democrático de Direito, não existe poder de punir legítimo sem limitações claras e precisas de seu campo de atuação, pois os princípios informadores e os conceitos de política criminal deste modelo jurídico, como justificadores

3 FELDENS, Luciano. *A Constituição...*, p. 43.

4 SILVA, Roberto Ferreira Archanjo da. *Por uma teoria do Direito Processual Penal: organização sistêmica*. São Paulo: Pontifícia Universidade Católica de São Paulo, 2009, p. 130. Tese (Doutorado em Direito Processual Penal, área de concentração Direito das Relações Sociais).

de uma política de penas, se apresentam como única alternativa responsável à limitação do poder de punir do Estado em face das liberdades individuais.[5]

Em decorrência disso, o direito penal é considerado a *ultima ratio* do sistema jurídico, não podendo ser utilizado como instrumento preponderante para o restabelecimento ou manutenção da paz social, visto que efetivamente não tem o condão de lograr esse objetivo.

Por isso, defende Francesco Palazzo que os princípios constitucionais devem dar origem a uma tendência de "secularização do direito penal, secularização não identificada apenas na vitória de certas incrustações do sistema, de feição especificamente religiosa, mas como uma tendência bem mais racional que busca ajustar a intervenção penal a situações efetivamente ofensivas das condições objetivas de existência da sociedade civil, e a excluir, em consequência, os fatos reprováveis de um ponto de vista apenas ideológico".[6]

Fica bem claro no trecho citado que os bens jurídicos constitucionais representam um verdadeiro instrumento limitador do poder de punir do Estado, e que, ao mesmo tempo, esses valores maiores definem as diretrizes a serem seguidas pelo Direito Criminal no momento em que regulamenta e efetiva o *jus puniendi*.

Portanto, a eleição desses bens jurídicos pela Constituição representa uma ferramenta de despenalização, não servindo, em primeiro plano, como instrumento de criminalização compulsória de condutas. Trata-se de um direito constitucional de liberdade, voltado a impor limites descriminalizantes ao sistema jurídico-penal.[7]

Esse entendimento encontra coro em Claus Roxin, que define os bens jurídicos como sendo "circunstâncias reais dadas ou finalidades necessárias para uma vida segura e livre, que garanta a todos os direitos humanos e civis de cada um na sociedade ou para o funcionamento de um sistema estatal que se baseia nestes objetivos".[8]

Winfried Hassemer lembra que "o conceito de bem jurídico deve-se à ideia de bem do *iluminismo*. Ele foi formulado e fundamentado por Paul Johann Anselm Feuerbach por volta do século XIX, como arma contra uma

---

5 PEREIRA, Cláudio José Langroiva. *Proteção Jurídico-Penal e Direitos Universais*. São Paulo: Quartier Latin, 2008, p. 38.

6 PALAZZO, Francesco C. *Valores Constitucionais e Direito Penal – Um estudo comparado*. Trad. Gérson Pereira dos Santos. Porto Alegre: Editora Sergio Antonio Fabris, 1989, p. 87.

7 Idem.

8 ROXIN, Claus. *A proteção de bens jurídicos como função do direito penal*. Trad. André Luís Callegari e Nereu José Giacomolli. Porto Alegre: Livraria do Advogado, 2006, p. 18-19.

concepção moralista do Direito Penal. A infração contra uma norma (moral ou ética), não podia ser suficiente para explicar uma conduta como criminosa, senão, primeiramente, a prova de que esta conduta lesiona interesses reais de outros homens, precisamente *bens jurídicos*".[9]

Nesse prisma, o catálogo de bens jurídicos merecedores de tutela serve como parâmetro para limitar a criação de tipos penais e também como base indicativa para a adoção de medidas despenalizadoras.

Por conseguinte, o limitador do *jus puniendi* estatal, consubstanciado no princípio constitucional da legalidade penal, também encontra a sua essência nos bens jurídicos constitucionalmente eleitos, o que vincula o legislador a agir com razoabilidade em relação às interferências normativas penais nas liberdades individuas, restringindo a possibilidade de criação de tipos penais incriminadores apenas às hipóteses de significativas violações a bens jurídicos tutelados pela Constituição.[10]

É o que também defende Luiz Luisi, ao afirmar que o Direito Penal encontra nas Constituições os bens jurídicos que deve proteger e as sanções passíveis de serem impostas quando de suas violações, visto que as valorações necessárias à eleição desses bens como relevantes para o indivíduo e a sociedade já foram feitas no momento da construção do texto constitucional, cabendo ao penalista "tê-los obrigatoriamente presentes, inclusive a eles se limitando, no processo de formação da tipologia criminal".[11]

Da mesma forma, o rol de bens jurídicos constitucionais baliza a interpretação das normas penais gerais e especiais já promulgadas, fundamentando até mesmo a declaração de inconstitucionalidade de tipos penais editados em manifesto abuso do poder de punir estatal, por ignorarem o catálogo de valores eleitos pelo legislador constituinte e ferirem o princípio implícito da intervenção mínima.

Por outro lado, a constante tensão entre política criminal e direito penal revela uma tendência das Constituições contemporâneas de servirem mais ativamente como instrumento jurídico de um Estado empenhado na promoção de transformações sociais e na tutela de interesses *transindividuais*[12]. Isso se revela claramente nos chamados mandados de criminalização contidos nos diversos textos constitucionais pelo mundo afora.

---

9 Op. cit., p. 56.

10 Decorrem da garantia da legalidade penal as proibições à retroatividade, ao direito consuetudinário e à analogia para a incriminação de condutas (*lex praevia, lex scripta, lex stricta* e *lex certa*).

11 LUISI, Luiz. *Os Princípios Constitucionais Penais.* 2ª ed. Porto Alegre: Editora Sergio Antonio Fabris, 2003, p. 172.

12 PALAZZO, Francesco C. Op. cit.

Os mandados de criminalização buscam afastar a ideia liberal de que os bens jurídicos tutelados constitucionalmente servem apenas como instrumento voltado a limitar as hipóteses de responsabilidade penal, revelando uma face proativa do Estado, que se constitui na proteção de interesses públicos por intermédio do direito penal, tornando compulsória a criminalização de condutas extremamente nocivas à sociedade e aos indivíduos que a compõem.

Existem mandados de criminalização explícitos e implícitos no sistema jurídico constitucional, que decorrem dos valores eleitos pela própria Constituição como essenciais à promoção da dignidade humana, impondo ao legislador penal a tutela desses bens por intermédio da instituição de tipos penais específicos.[13]

Contudo, a existência dos mandados de criminalização nos textos constitucionais democráticos não representa um problema para o direito penal, pois não desvirtuam a característica dos bens jurídicos como parâmetros limitadores do poder de punir estatal.

Isso porque os próprios mandados de criminalização refletem balizas estabelecidas ao legislador penal e ao aplicador do direito quanto aos limites impostos à intervenção do direito penal nas liberdades públicas, limites estes que podem se efetivar por intermédio de mandados proibitivos ou permissivos de criminalização, explícitos ou implícitos, desde que se encontrem em consonância com os valores constitucionais eleitos, dentre os quais prepondera o da dignidade humana.

### *2.1.1 Crise do direito penal*

Apesar dos nítidos limites impostos ao poder de punir, conquistados historicamente a duras penas e positivados nas atuais Constituições democráticas, tem-se assistido nas últimas décadas uma expansão do Direito Penal para além de suas fronteiras teórico-dogmáticas clássicas, o que tem fomentado constantes investidas político-criminais no sentido de flexibilizar princípios penais fundamentais em prol de um pretenso "combate" à criminalidade, influenciando a implantação de um Estado de polícia nas democracias mundiais.

Conforme pondera Jesús-María Silva Sánchez, "isso deriva da tensão expansiva a que o Direito Penal vem sendo submetido, supostamente para

---

[13] A Constituição Federal brasileira prevê mandados de criminalização explícitos em seus artigos 5º, incisos XLII, XLIII e XLIV, 7º, inciso X, 225, § 3º e 227, § 4º.

que se encontre em condições de enfrentar, com êxito, missão de luta contra a criminalidade cujo incremento quantitativo e qualitativo se afirma. A partir daí, para alguns o Direito Penal estaria em uma 'crise de crescimento', à espera de sua desejável consolidação como instrumento social eficiente".[14]

Para esse penalista espanhol, a referida expansão se manifesta de forma razoável em alguns casos, mas também tem ocorrido importantes manifestações de uma expansão desarrazoada[15]. O autor se refere àquelas condutas em relação às quais não se pode afirmar com certeza que são aptas a lesionar bens jurídicos relevantes, mas mesmo assim são criminalizadas como ferramenta de prevenção.

Isso revela, nas palavras de Jesús-María Silva Sánchez, que a "legislação expansiva, que constitui a nota distintiva fundamental de nosso tempo e algumas vezes carrega consigo o maldito Direito excepcional, colide com duas tendências igualmente claras: a que defende um Direito Penal mínimo, ressaltando a vertente garantista do Direito Penal, e a que evidencia um total ceticismo diante da eficácia preventivo-especial (ressocialização, em concreto) do mecanismo punitivo mais característico: a pena privativa de liberdade".[16]

Como se vê, o teórico do *direito penal de velocidades*[17] e também adepto da teoria do bem jurídico, admite a existência de uma face sombria da propalada crise do Direito Penal contemporâneo, em que se busca solucionar conflitos sociais que tradicionalmente sofriam a incidência de outros ramos da ciência jurídica submetendo-os aos grilhões da sanção penal como *prima ratio*, em escancarado desprezo ao princípio da subsidiariedade.

Cornelius Prittwitz, ao analisar o tema, afirma que "esta expansão não é somente uma expansão de delitos ou de bens jurídicos que, ao que parece, desvirtuam a proteção do Direito Penal. Não, esta expansão é causada também por uma redução de princípios, de condições para a imputação objetiva e subjetiva. E este Direito Penal tem mudado, embora não sirva, todavia,

---

14 SILVA SÁNCHEZ, Jesús-María. *Aproximação ao direito penal contemporâneo*. Trad. Roberto Barbosa Alves. São Paulo: Revista dos Tribunais, 2011, p. 34.

15 Idem, *A expansão do direito penal: aspectos da política criminal nas sociedades pós-industriais*. Trad. Luiz Otávio de Oliveira Rocha. 3ª ed. São Paulo: Revista dos Tribunais, 2013, p. 34.

16 SILVA SÁNCHEZ, Jesús-María. *Aproximação...*, p. 33.

17 Ao defender a ideia de um direito penal de velocidades, Jesús-María Silva Sánchez aduz que: "[...] seriam as 'duas velocidades do Direito Penal'. Uma primeira velocidade, representada pelo Direito Penal 'da prisão', na qual se haveriam de manter rigidamente os princípios políticos-criminais clássicos, as regras de imputação e os princípios processuais; e uma segunda velocidade, para os casos em que, por não tratar-se já de prisão, senão de penas de privação de direitos ou pecuniárias, aqueles princípios e regras poderiam experimentar uma flexibilização proporcional à menor intensidade da sanção" (SILVA SÁNCHEZ, Jesús-María. *A expansão...*, p. 193).

para solucionar os problemas atuais sistemáticos da sociedade de risco, já não podendo tomar o papel tradicional da busca justa e exemplar pela responsabilidade individual".[18]

Sendo assim, revelam-se incompatíveis com a realidade constitucional-democrática os modelos teóricos que, a pretexto de desenvolver uma dogmática voltada à construção de um *direito penal de emergência*, nitidamente simbólico e destinado a etiquetar indivíduos e grupos sociais (*labeling approach)* e não fatos como reprováveis penalmente, em prol de uma pretensa segurança coletiva, buscam estender o Direito Criminal para além de seus limites naturais, desvirtuando-o.

Nesse modelo expansionista, busca-se punir determinados indivíduos antes mesmo da ocorrência de lesão ou ameaça concreta de lesão a bens jurídicos tutelados, como forma de promoção de uma prevenção geral positiva, que utiliza o ser humano como meio para atingir o fim de coagir a coletividade de pessoas a se abster da prática de delitos.

Essa *terceira velocidade do Direito Penal*, como a classifica Jesús-María Silva Sánchez, teria a sua legitimidade justificada em "fenômenos como a delinquência patrimonial profissional, a delinquência sexual violenta e reiterada, ou fenômenos como a criminalidade organizada e o terrorismo, que ameaçam solapar os fundamentos últimos da sociedade constituída na forma de Estado".[19]

Essa tendência de hipertrofia do Direito Penal contemporâneo fica bem clara no denominado funcionalismo sistêmico, ao qual se filia o penalista alemão Günther Jakobs, precursor da *teoria do direito penal do inimigo*, o qual sustenta que existem determinadas situações "em que normas imprescindíveis para um Estado de liberdades perdem seu poder de vigência se se espera com a repressão até que o autor saia de sua esfera privada. Mas então o direito penal de inimigos também só pode ser legitimado como um direito penal de emergência que vige excepcionalmente. Os preceitos penais a ele correspondentes devem por isso ser estritamente separados do direito penal de cidadãos, preferivelmente na sua apresentação externa".[20]

O referido professor da Universidade de Bonn utiliza o termo "inimigo", portanto, para designar aquele que, em sua forma de vida ou mediante a

---

18 PRITTWITZ, Cornelius. A função do direito penal na sociedade globalizada do risco – defesa de um papel necessariamente modesto. Trad. Erika Camargo Vegners. In: ESER, Albin...[et al]. *Desenvolvimentos atuais das ciências criminais na Alemanha*. Coords. Kai Ambos e María Laura Böhm. 1ª ed. Brasília: Gazeta Jurídica, 2013, p. 66.

19 SILVA SÁNCHEZ, Jesús-María. *A expansão...*, p. 193.

20 Cf. JAKOBS, Günther. *Fundamentos do direito penal*. 2ª ed. Trad. Luís Callegari. Colab. Lúcia Kalil. São Paulo: Revista dos Tribunais, 2012, p. 173.

incorporação a uma organização, aparta-se, de forma duradoura e não incidental, das regras que compõe o ordenamento jurídico, não mais garantindo uma mínima segurança cognitiva de seu comportamento pessoal, demonstrando este déficit mediante a adoção de posturas contrárias às normas estabelecidas.[21]

Defendendo a ideia de que o Direito Criminal, como parte integrante do sistema jurídico, tem por principal finalidade proteger a integridade do próprio subsistema de normas e não especificamente os bens jurídicos, Günther Jakobs admite distinguir e impor tratamento penal diferenciado ao cidadão e ao "inimigo", este último definido como violador das normas jurídicas e sujeito nocivo à sociedade e ao Estado, em relação ao qual é possível flexibilizar direitos fundamentais em prol do interesse comum.[22]

Jesús-María Silva Sánchez ressalta que "as características do Direito Penal de inimigos seriam então, sempre segundo Jakobs, a ampla antecipação da proteção penal, isto é, a mudança de perspectiva do fato passado a um porvir; a ausência de uma redução de pena correspondente a tal antecipação; a transposição da legislação jurídico-penal à legislação de combate; e o solapamento de garantias processuais".[23]

Todavia, em seus próprios escritos, Günther Jakobs admite que existem fortes objeções à construção teórica de um *direito penal de inimigo*, pautadas no fundamento de que não é possível despersonalizar qualquer ser humano como forma de lhe impor tratamento jurídico diferenciado, pois isso caracterizaria um atentado à dignidade que lhe é naturalmente inerente.[24]

---

21 JAKOBS, Günther. Sobre a teoria do direito penal do inimigo. Trad. Eneas Romero de Vasconcelos. In: ESER, Albin...[et al]. *Desenvolvimentos atuais das ciências criminais na Alemanha*. Coords. Kai Ambos e María Laura Böhm. 1ª ed. Brasília: Gazeta Jurídica, 2013, p. 8.

22 Nos escritos de Jesús-María Silva Sánchez também pode-se encontrar a descrição das características que identificam um indivíduo ou grupo de pessoas como "inimigo" do sistema jurídico-político de um Estado: "A transição do 'cidadão' ao 'inimigo' iria sendo produzida mediante a reincidência, a habitualidade, a delinquência profissional e, finalmente, a integração em organizações delitivas estruturadas" (SILVA SÁNCHEZ, Jesús-María. *A expansão...*, p. 195).

23 Ibidem, p. 194.

24 Cf. JAKOBS, Günther. Sobre..., p. 10: "De maior peso é a objeção, antecipada, por mim, segundo a qual o Direito Penal do inimigo não pode incluir-se, absolutamente, na categoria de Direito, já que o Direito pressupõe uma relação entre pessoas e não permitiria, em todo caso, classe alguma de despersonalização. A este respeito deve diferenciar-se o seguinte: o Direito se encontra vinculado com a coação jurídica – e não somente com a coação assistencial (*helfenden Zwang*), senão também com a coação mesma – que se impõe contra alguém – e esta coação significa hetero-administração da pessoa: ou seja, a hetero-administração despersonaliza e o faz inclusive quando sua necessidade é provocada responsavelmente pela pessoa obrigada [...] O sujeito obrigado deve fazer-se de novo – *sit venia verbo* – compatível com o Direito (*nota bene*: "fazer-se compatível", isto é, fazer-se de forma passiva, no sentido de "deixar fazer-se", o que significa que se faz de maneira juridicamente coativa).

Essas críticas trazem a lume a pretensão do penalista *tedesco* de instituir tratamento jurídico distinto a seres humanos, alguns cidadãos e outros reduzidos à condição de seres naturais, estes últimos tratados como mero objeto e não como titulares da plenitude de direitos fundamentais, em nítida violação à essência valorativa do princípio da igualdade, que se reflete na própria dignidade humana.

Willis Santiago Guerra Filho é preciso ao discorrer que a democracia "representa o reconhecimento de uma igual *dignidade* em todas as pessoas, individualmente, a ser acatada no convívio social. Essa dignidade não pode ser sacrificada em nome da segurança, na hipótese de um confronto entre os dois valores, o que pode ocorrer com frequência, embora a garantia de segurança seja essencial para haver respeito à dignidade humana".[25]

O mesmo autor prossegue esclarecendo que é "fácil perceber como a perspectiva material de respeito à dignidade humana, à qual se reporta a idéia democrática, requer uma concepção diferenciada do que seja segurança, igualdade, justiça, liberdade etc., onde o ser humano jamais pode ser tratado como o objeto e o meio de realização de qualquer desses valores, mas sim como sujeito a que eles se referem e à promoção de quem essa realização tem por finalidade".[26]

Da mesma forma, posicionando-se radicalmente contra essa tendência de desvirtuamento da dogmática penal clássica, Winfried Hassemer alerta que o caminho para a solução dos problemas surgidos na sociedade contemporânea não passa primordialmente pelo Direito Penal e pelo Processo Penal, e muito menos por uma nova dogmática que os afaste de suas principais fontes teórico-principiológicas.[27]

Esse jurista alemão assevera que "o contrato social não comporta nenhum poder originário e usurpador. Por isso, o poder do Estado, particularmente no Direito Penal – onde se mostra de modo particularmente nítido – deve se vincular e se conceber, em princípio, pelos direitos do indivíduo: eles o postergam. A partir daí declaram-se, por exemplo, princípios jurídico -penais como o *in dubio pro reo*, o direito ao recurso, à defesa, ao silêncio, princípio como o da subsidiariedade ou da proporcionalidade".[28]

O referido professor da Universidade de Frankfurt nos lembra, ainda, que a sociedade pós-moderna foi edificada sob as bases desse contrato

---

[25] Op. cit., p. 155.

[26] Ibidem, p. 156.

[27] HASSEMER, Winfried. Características e Crises do Moderno Direito Penal. *Revista Síntese Direito Penal e Processual Penal*, ano III, n. 18, fev./mar. 2003, p. 145-146.

[28] Ibidem, p. 147.

social e o Direito, nele incluído também o Direito Penal e o Direito Processual Penal, historicamente vem servindo como principal instrumento de manutenção do equilíbrio das relações sociais, pois "o Estado é uma instituição derivada dos direitos dos cidadãos e deve fundamentar-se e limitar o seu poder pelos direitos dos cidadãos".[29]

Por derradeiro, Winfried Hassemer tece a crítica de que "os âmbitos nos quais o 'moderno' Direito Penal se concentra, estão todos relacionados somente indiretamente com os cidadãos e os indivíduos. Diretamente estão as instituições da sociedade e também do Estado. No 'moderno' Direito Penal a *proteção dos bens jurídicos* torna-se a proteção das instituições".[30]

Por isso, não há espaço no Estado Democrático de Direito para um direito penal de exceção, típico de conflitos bélicos (direito de guerra), pois um estado de normalidade democrática não convive com sistemas jurídicos paralelos, em que se dispensa tratamentos distintos a seres humanos que comungam da mesma natureza existencial, a pretexto de se proteger estruturas de poder muitas vezes ilegítimas e contaminadas ideologicamente.

A solução para os problemas da sociedade contemporânea, pós-industrial e tecnológica, não passa pelo abandono dos dogmas penais clássicos, até porque estes correspondem à sua própria essência existencial e de legitimidade.

O Direito Penal na sociedade pós-moderna foi edificado sob as bases de um ideal libertário, que o resgatou de seus desvirtuamentos históricos para afastá-lo do modelo de vingança (privada, pública ou divina) e torná-lo realmente humano, não mais se permitindo que volte a ser utilizado para a institucionalização da violência desmedida nas mãos daqueles que detém o poder político, pois este, em uma democracia, é sempre transitório e deve apoiar-se nos valores humanos fundamentais.

O direito penal simbólico é um remédio ineficaz para os males que assolam a sociedade contemporânea e já apresenta um alarmante déficit de execução pelo mundo afora, tendendo, em longo prazo, a tornar-se nocivo à mesma sociedade que pretende proteger, legitimando normativamente injustiças por intermédio do principal instrumento de coerção estatal que é a pena, levando-a ao irreversível descrédito.

Winfried Hassemer prevê esses feitos e aduz que "os déficits de execução, os quais são declarados apenas como um problema quantitativo e passageiro, no 'moderno' Direito Penal devem levar, a longo prazo, a que o

29 Idem.
30 Ibidem, p. 150.

Direito Penal se recolha somente em funções simbólicas e, ao final, perca as suas verdadeiras funções. Do amálgama deflagrado pela grande necessidade de atuação social, pela difundida crença na eficiência dos meios penais e pelo extenso déficit no uso destes meios, pode surgir o risco de que o Direito Penal se recolha na ilusão de que pode realmente solucionar os seus problemas. O Direito Penal simbólico é, a curto prazo, um paliativo, mas a longo prazo, destrutivo".[31]

Por isso, não se pode admitir a flexibilização de limites impostos ao poder estatal pelos princípios e valores constitucionais penais e processuais penais, simplesmente para atender tendências punitivistas transitórias e que extrapolam a própria finalidade de promoção de dignidade inerente ao Estado Democrático de Direito, independentemente da condição jurídica do sujeito de direitos, pois a manifestação do poder estatal não tem o condão de subtrair a natureza humana de qualquer indivíduo.

O mesmo alerta também é feito por Winfried Hassemer, quando analisa as tendências atuais do Direito Criminal alemão, que refletem e respaldam o movimento mundial de desvirtuamento das ciências jurídico-criminais, para possibilitar a flexibilização de direitos fundamentais através de reformas no Direito Processual Penal.

Destaca o referido penalista que na Alemanha os institutos processuais penais que "necessitam de uma reforma urgente, como, por exemplo, a prisão preventiva, não tem nenhuma possibilidade de uma defesa interessada; pelo contrário, giram em torno da aceleração e facilitação do processo, bem como de um agravamento dos instrumentos de investigação. Em resumo: o Direito penal, nos últimos tempos, tem ampliado de modo significativo suas capacidades e assim tem deixado cair a bagagem democrática, a qual é um obstáculo na realização das novas tarefas".[32]

Vê-se com bons olhos, contudo, a alternativa proposta por Winfried Hassemer, que, ao se mostrar categoricamente contra essa tendência de desnaturação do Direito Criminal para atender aos atuais anseios político-criminais, defende a estruturação dogmática de um *Direito de Intervenção*, apartado do Direito Penal e voltado "às grandes perturbações sociais atuais".[33]

Nas próprias palavras do citado penalista, "recomenda-se regular aqueles problemas das sociedades modernas, que levaram à 'modernização' do Direito Penal, particularmente, por um Direito de Intervenção, que esteja

---

[31] Ibidem, p. 153.
[32] Idem.
[33] Ibidem, p. 149.

localizado entre o Direito Penal e o Direito dos ilícitos administrativos, entre o Direito Civil e o Direito Público, que na verdade disponha de garantias e regulações processuais menos exigentes que o Direito Penal, mas que, para isso, inclusive, seja equipado com sanções menos intensas aos indivíduos".[34]

Esse novo seguimento do Direito seria não só normativamente menos grave, devido ao seu caráter essencialmente preventivo, como também empiricamente mais adequado para acolher os problemas especiais da sociedade contemporânea, não incidindo sobre ele os princípios penais e processuais penais, resguardando-se o Direito Criminal das desnaturações que o vêm tornando incompatível com os valores consagrados nas atuais Constituições dos Estados Democráticos de Direito.[35]

## 2.2 CONSTITUCIONALIZAÇÃO DO PROCESSO

A força normativa e vinculante dos princípios constitucionais processuais penais típicos das Constituições democráticas contemporâneas levou a uma constitucionalização do processo penal, fenômeno jurídico este que se revela na própria cláusula do *due process of law* e nas demais garantias dela decorrentes.

Nesse ambiente de constitucionalização do Direito, conforme assevera Luís Roberto Barroso, "a Constituição passa a ser não apenas um sistema em si – com a sua ordem, unidade e harmonia – mas também um modo de olhar e interpretar todos os demais ramos do Direito. Esse fenômeno, identificado por alguns autores como *filtragem constitucional*, consiste em que toda a ordem jurídica deve ser lida e apreendida sob a lente da Constituição, de modo a realizar os valores nela consagrados".[36]

Outrossim, a constitucionalização do direito infraconstitucional não tem como principal característica a incorporação pelo texto da Carta Política "de normas próprias de outros domínios, mas, sobretudo, a reinterpretação de seus institutos sob uma ótica constitucional".[37]

Deste modo, Direito Penal e Processo Penal devem, juntos, apoiar-se em princípios e valores humanos universais, concretizando juridicamente os ideais de justiça. Estão, de tal modo, intimamente interligados e voltados ao objetivo maior de promover a dignidade humana pela via da concretização dos princípios constitucionais fundamentais.

---

[34] Ibidem, p. 158.
[35] Idem.
[36] Op. cit., p. 363.
[37] Idem.

Não obstante admitir que o Direito Processual Penal é hoje o *Direito Constitucional aplicado*, Winfried Hassemer destaca que "o papel de servidor, como tradicionalmente se tem atribuído ao Direito Processual Penal em face da concepção científico-social do Processo, atualmente tem caído em descrédito – sem razão: pois quanto a isso resta que o Direito Processual Penal elabora e organiza o cenário que o Direito Penal material necessita para efetivar-se; sem o Processo Penal não há proteção dos bens jurídicos e nem realização dos fins da pena (ou qualquer fim que se queira atribuir ao Direito Penal material), sem o Direito Processual Penal não pode haver um Processo Penal juridicamente formalizado: o Direito Processual Penal intermedia entre o Direito Penal material e o Processo Penal, ele *serve* à realização do Direito Penal material. Porém o serve à sua maneira. O que resulta disso – e quanto a isso têm razão os críticos da concepção processual tradicional – é que ele não é simplesmente o prolongamento do Direito Penal material à realidade, a um caso. Ele é um âmbito do Direito com problemas e instrumentos completamente diferentes do Direito material".[38]

Essa relação de complementariedade entre o Direito Penal e o Direito Processual Penal reflete a natureza do Direito Criminal Constitucional como legitimador do poder de punir do Estado e de sua excepcional possibilidade de invasão nas liberdades individuais pela via do processo e da sanção penal.

O processo penal, assim, não é mera ferramenta para o exercício do direito de punir, mas sim uma verdadeira limitação deste poder-dever do Estado em matéria penal, pois impõe constitucionalmente balizas para o seu exercício, voltadas a concretizar um Direito Penal isento de abusos e condizente com os valores fundamentais que norteiam o Estado Democrático de Direito.

Luigi Ferrajoli, ao discorrer sobre a *Teoria do Garantismo Penal*, defende que o Direito Criminal atua como limitador do *jus puniendi* estatal e as balizas para o exercício desse poder são os princípios fundamentais de Direito Penal e Processo Penal, dentre eles o *nulla accusatio sine probatione* (não há acusação sem provas).[39]

Nesse diapasão, sustenta Aury Lopes Júnior que "o processo não pode mais ser visto como um simples instrumento a serviço do poder punitivo (Direito Penal), senão que desempenha o papel de limitador do poder e garantidor do indivíduo a ele submetido".[40]

---

[38] HASSEMER, Winfried. *Introdução...*, p. 173.

[39] FERRAJOLI, Luigi. *Direito e Razão. Teoria do Garantismo Penal.* 4ª ed. Trad. Ana Paula Zomer Sica e outros. São Paulo: Revista dos Tribunais, 2014, p. 91.

[40] LOPES JÚNIOR, Aury. *Direito Processual Penal.* 11ª ed. São Paulo: Saraiva, 2014, p. 29.

Para o referido processualista penal, deve-se compreender que o respeito às garantias fundamentais não se confunde com impunidade, pois o processo penal é um caminho necessário para se chegar, legitimamente, à sanção penal. Sendo assim, somente pode-se afirmar a existência de processo quando, ao longo desse caminho, forem rigorosamente observados os direitos e garantias processuais constitucionalmente assegurados, ou seja, as regras do devido processo legal.[41]

Assim sendo, conclui-se que o Direito Penal pós-moderno só se concretiza por intermédio do Processo Penal democraticamente desenvolvido. É este, portanto, o próprio Direito Constitucional aplicado.

O Processo Penal Democrático tem por base fundamental, dentre os vários outros princípios que o informam, a garantia do devido processo legal, consagrada no artigo 5º, inciso LIV, da Constituição Federal brasileira. Tal garantia, originariamente insculpida no texto da *Magna Charta Libertatum* de 1215, encontra posição de destaque na Declaração Universal dos Direitos do Homem.[42]

André Ramos Tavares disseca o conteúdo da cláusula constitucional do devido processo legal, analisando os seus elementos constitutivos. Afirma que "o termo 'devido' assume o sentido de algo 'previsto', 'tipificado'. Mas não só. Também requer que seja justo. 'Processo', na expressão consagrada constitucionalmente, refere-se aos trâmites, formalidades, procedimentos, garantias. São as práticas do mundo jurídico em geral. 'Legal', aqui, assume conotação ampla, significando tanto a Constituição como a legislação. Resumindo, nesses termos, os componentes, tem-se: 'garantias previstas juridicamente'. Esse, sucintamente, o significado da expressão 'devido processo legal'".[43]

No âmbito do direito criminal o conceito de devido processo ganha relevo específico, levando a doutrina a cunhar terminologia própria, denominando esta garantia constitucional de *devido processo penal*.[44]

Rogério Lauria Tucci esclarece que o devido processo penal especifica-se em relação à cláusula genérica do devido processo legal por conta

---

41 Idem.

42 "Artigo XI, nº 1. Todo homem acusado de um ato tem direito de ser presumido inocente até que a sua culpabilidade tenha sido provada de acordo com a lei, em julgamento público no qual lhe tenham sido asseguradas todas as garantias necessárias à sua defesa."

43 TAVARES, André Ramos. *Curso de Direito Constitucional.* 12ª ed. São Paulo: Saraiva, 2014, p. 595.

44 Cf. FERNANDES, Antonio Scarance. *Processo...*, p. 51-52 e TUCCI, Rogério Lauria. *Direitos...*, p. 61-68.

das seguintes garantias que lhe são próprias: "a) de acesso à Justiça Penal; b) do juiz natural em matéria penal; c) de tratamento paritário dos sujeitos parciais do processo penal; d) da plenitude de defesa do indiciado, acusado, ou condenado, com todos os meios e recursos a ela inerentes; e) da publicidade dos atos processuais penais; f) da motivação dos atos decisórios penais; g) da fixação de prazo razoável de duração do processo penal; h) da legalidade da execução penal".[45]

José Frederico Marques, por sua vez, afirma que "quando se fala em processo, e não em procedimento, alude-se, sem dúvida, a formas instrumentais adequadas, a fim de que a prestação jurisdicional, quando entregue pelo Estado, dê a cada um o que é seu, segundo imperativos da ordem jurídica. E isso envolve a garantia do contraditório, a plenitude do direito de defesa, a isonomia processual e a bilateralidade dos atos procedimentais".[46]

É por isso que a garantia do devido processo penal, hodiernamente, apresenta dupla dimensão: é, por um lado, garantia subjetiva voltada a preservar o direito à liberdade individual e, por outro, garantia objetiva ao exercício dos direitos de ação penal e de defesa, em prol do interesse social ao justo processo.[47]

Importante ressaltar, ainda, que o devido processo penal, em seu aspecto material, está ligado ao Direito Penal, garantindo que ninguém será processado senão pela prática de conduta descrita previamente em lei como delituosa, observados os princípios constitucionais limitadores e conformadores da criminalização.

Por outro lado, sob o prisma do Direito Processual Penal, esse princípio vincula as atividades de persecução penal a uma série de garantias inderrogáveis previstas na Constituição e na lei processual penal.

No dizer de Alexandre de Moraes, "o devido processo legal configura dupla proteção ao indivíduo, atuando tanto no âmbito material de proteção ao direito de liberdade, quanto no âmbito formal, ao assegurar-lhe paridade total de condições com o Estado-persecutor e plenitude de defesa (direito à defesa técnica, à publicidade do processo, à citação, de produção ampla de provas, de ser processado e julgado pelo juiz competente, aos recursos, à decisão imutável, à revisão criminal)".[48]

---

45 TUCCI, Rogério Lauria. *Direitos...*, p.66.

46 MARQUES, José Frederico. O art.141, § 4° da Constituição Federal. *Revista da Faculdade de Direito do Ceará*, n. 16, dez. 1962, p. 64.

47 GRINOVER, Ada Pellegrini. O Conteúdo da Garantia do Contraditório. In: *Novas Tendências do Direito Processual.* Rio de Janeiro: Editora Forense Universitária, 1990, p. 8.

48 MORAES, Alexandre de. *Direito Constitucional.* 30ª ed. São Paulo: Atlas, 2014, p. 110.

Logo, a garantia do devido processo penal e os princípios que lhe são corolários, como o contraditório e a ampla defesa, visam legitimar a interferência do Estado nas liberdades individuais e proteger o indivíduo e a sociedade por intermédio do acesso ao justo processo penal.

Sob esse enfoque, reafirma-se neste momento que a garantia do devido processo penal tem por fulcro limitar o poder estatal face à dignidade da pessoa humana, em seu prisma de liberdade. Assim sendo, impossível instrumentalizar tal garantia e, por conseguinte, efetivar referido direito, sem que às atividades de persecução penal se apliquem os princípios processuais fundamentais previstos constitucionalmente.

É o que também defende Fauzi Hassan Choukr, para quem "legalidade, contraditório, ampla defesa etc. não são fins em si, mas instrumentos pelos quais se alcança a tutela da integridade da pessoa humana sendo, pois, *garantias* que, por seu turno, vêm a constituir um sistema operacional que, pela sua dimensão prática, parece mais importante que os valores que o fundamentam quando, na verdade, não o é".[49]

Por isso, em tempos de processo penal democrático, as garantias decorrentes do devido processo penal estendem-se a todas as fases da *persecutio criminis*, pois é por meio delas que se promove o controle de acesso à Justiça Criminal, verificando a existência de elementos probatórios que possam desconstituir a presunção de inocência e justificar o recebimento de uma acusação formal contra alguém, impondo-lhe condenação criminal.

Resta, portanto, improdutiva e superada a discussão, no Estado Democrático de Direito, em relação à prevalência de sistemas inquisitivos, acusatórios ou mistos. Na verdade, vive-se hoje a realidade de um processo penal democrático, edificado sobre bases constitucionais garantidoras de direitos fundamentais, o que afasta qualquer pretensão de reduzi-lo a conceitos que remetem aos séculos XVIII e XIX e nada contribuem para a sua evolução.

A instrumentalização desse processo de cunho democrático é efetivada por intermédio de um sistema harmônico de normas constitucionais e infraconstitucionais voltadas a definir princípios, garantias e direitos processuais, instituir procedimentos judiciais e extrajudiciais de natureza garantista e organizar instituições e órgãos legitimados a atuar na persecução penal de forma

[49] CHOUKR, Fauzi Hassan. *Garantias Constitucionais na Investigação Criminal*. 3ª ed. Rio de Janeiro: Lúmen Júris, 2006, p. 11.

isenta, impondo-lhes responsabilidades para com o ideal de processo justo e respeito aos direitos fundamentais.

Conforme pontua Aury Lopes Júnior, torna-se imprescindível marcar o referencial de leitura do processo penal democrático, qual seja: interpreta-lo à luz da Constituição e não ao contrário. São os dispositivos do Código de Processo Penal que devem "ser objeto de uma releitura mais acorde aos postulados democráticos e garantistas na nossa atual Carta, sem que os direitos fundamentais nela insculpidos sejam interpretados de forma restritiva para se encaixar nos limites autoritários do Código de Processo Penal de 1941".[50]

Essa nova realidade jurídico-constitucional resultou, por conseguinte, na denominada *processualização do procedimento*, que, no âmbito processual penal, consubstancia-se na incidência da garantia do devido processo penal e dos princípios que lhe são corolários também na fase extrajudicial da persecução penal, incutindo natureza processual a todos os procedimentos estatais que possam resultar em limitação de direitos fundamentais, inclusive àqueles que, até então, eram tidos como procedimentos puramente administrativos.

Para André Boiani Azevedo e Édson Luís Baldan é possível visualizar "um tripé de garantias que expressam ontologicamente a cláusula do devido processo legal: a) regramento legal emanado de agências legislativas e continente de disposições intrinsecamente justas e razoáveis; b) instrumento adequado de aplicação dessas normas jurídicas, especialmente o inquérito policial, o termo circunstanciado e o processo judicial; c) paridade de armas entre os sujeitos parciais, sendo o equilíbrio de situações entre eles o reflexo das disposições legais sobre a realidade processual".[51]

Nesse contexto, a investigação criminal também passa a ser abrangida pela garantia constitucional do devido processo penal, visto que disciplinada por normas processuais penais de natureza constitucional e infraconstitucional e destinada a apurar fatos supostamente ilícitos, atividade esta que gera reflexos diretos no *status libertatis* e no *status dignitatis* do indivíduo e no direito de punir do Estado.[52]

---

[50] Op. cit., p. 30.

[51] AZEVEDO, André Boiani; BALDAN, Édson Luís. A preservação do devido processo legal pela investigação defensiva (ou do direito de defender-se provando). *Boletim do Instituto Brasileiro de Ciências Criminais*, n. 137, abr. 2004, p. 6.

[52] Essa realidade é traduzida no Projeto de Lei do Senado nº 156/2009, já aprovado na Casa Legislativa de origem e em trâmite na Câmara dos Deputados (atual Projeto de Lei nº 8045/2010), voltado a instituir um novo Código de Processo Penal brasileiro. O artigo 2º desse Projeto declara: "As garantias processuais previstas neste Código serão observadas em relação a todas as formas de intervenção

Isso tudo levou à *processualização* do principal procedimento de investigação criminal existente no Brasil, qual seja: o inquérito policial. E gerou também o mesmo efeito em relação a todos os outros instrumentos legais que formalizam, excepcionalmente, esta atividade estatal persecutória extrajudicial.

## 2.2.1 Processo penal como garantia fundamental

No Direito Processual Penal contemporâneo, democrático por natureza, todos os atores da persecução penal, mesmo aqueles que se encontraram em posições antagônicas, como a acusação e a defesa, têm por missão maior contribuir para a concretização do processo justo, que respeite os direitos e garantias fundamentais e as normas penais e processuais penais que o legitimam.

O modelo de processo penal democrático constitucionalizado, portanto, não convive com o conceito clássico de lide, em que o processo é reduzido a uma ferramenta de composição de conflitos estabelecidos entre partes tendenciosas, que objetivam desfrutar um *bem da vida* sobre o qual depositam suas pretensões.

Francesco Carnelutti define a lide como sendo o "conflito de interesses entre duas pessoas, qualificado pela pretensão de uma e a resistência da outra"[53], pressupondo, assim, para a sua existência, que aquele sobre o qual se deduz uma pretensão apresente oposição a ela, de forma a justificar a intervenção do Estado-Juiz na solução do conflito, substituindo este à vontade das partes pelo provimento jurisdicional.

Todavia, após passar grande parte de sua vida acadêmica defendendo a aplicação da dogmática processual civil ao processo penal, o próprio Francesco Carnelutti, em sua obra intitulada *Princípios de processo penal,* publicada no ano de 1960, passou a aceitar a realidade jurídica de que no processo penal não existe lide e decidiu retratar-se do posicionamento até então defendido, passando a sustentar que "ao contraste, que se pode admitir entre Ministério Público e imputado, responde o conceito de *controvérsia*, não o de litígio; em suma, é um contraste de opiniões em torno do mesmo interesse, que é o interesse do acusado".[54]

---

penal, incluindo as medidas de segurança, com estrita obediência ao devido processo legal constitucional".

53 CARNELUTTI, Francesco. *Principi Del Processo Penale*. Napoli: Morano, 1960, p. 43-44, tradução nossa.

54 Ibidem, p. 44, tradução nossa.

Tanto é assim que no processo penal não se admite o chamado reconhecimento jurídico do pedido do autor, como permitido no processo civil, ou seja, não pode o suspeito da prática de um fato criminoso simplesmente aceitar a acusação que lhe é dirigida e pleitear a submissão imediata à sanção penal, visto que o direito à liberdade individual é indisponível e a garantia do devido processo penal irrenunciável.

Cabe, portanto, aos órgãos atuantes na persecução penal exercerem as suas atividades até o trânsito em julgado da sentença penal condenatória, quando então poderá ser imposta a sanção penal e suas consequências jurídicas ao indivíduo condenado definitivamente.

Piero Calamandrei deixa claro esse entendimento ao asseverar que "o processo penal não tem, de fato, o escopo de remover um desacordo existente entre acusador e acusado a respeito da existência do crime ou da medida da pena, de sorte a perder sua razão de ser onde tal desacordo seja amigavelmente composto entre os dois *litigantes*; mas tem lugar porque, em nosso ordenamento jurídico, a punição do culpado só pode ocorrer mediante pronunciamento jurisdicional".[55]

Inclusive, até mesmo o órgão acusador, que tem por mister exercer o direito de ação penal do Estado e dele, como regra, não pode dispor[56], em casos de clara ausência de responsabilidade criminal, tem o dever jurídico de propugnar pelo arquivamento dos autos da investigação ou pela absolvição do imputado na fase judicial do devido processo penal, como forma de preservação do *status dignitatis* do indivíduo.

Isso tudo revela a impropriedade de se transpor para o direito processual penal a dogmática construída pelos precursores da denominada *teoria geral do processo*, que, na verdade, revela-se como uma teoria do processo civil, não adaptável à realidade do processo penal como garantia constitucional.

Dentre os defensores da *teoria geral do processo* no Brasil, destacam-se Antonio Carlos de Araújo Cintra, Ada Pellegrini Grinover e Cândido Rangel Dinamarco, docentes da Universidade de São Paulo que, seguindo as lições do processualista italiano Enrico Tullio Liebman (1903-1986) –

---

55 Apud TUCCI, Rogério Lauria. *Teoria do Direito Processual Penal: Jurisdição, Ação e Processo Penal (Estudo Sistemático)*. São Paulo: Revista dos Tribunais, 2002, p. 33-34.

56 Exceto nas previsões legais que autorizam a mitigação dos princípios da obrigatoriedade e da indisponibilidade da ação penal, a exemplo da Lei nº 9.099/1995 e da Lei nº 12.850/2013. A primeira reconhecendo os institutos da transação penal e da suspensão condicional do processo, e a segunda admitindo o acordo de delação premiada, que autorizam o órgão do Ministério Público a transigir com o direito de ação penal, medidas estas de justiça penal negociada inspiradas na barganha criminal (*plea bargaining*) do Direito Penal Norte-Americano.

este, por sua vez, discípulo de Giuseppe Chiovenda (1872-1937) e de Francesco Carnelutti (1879-1965) – passaram a defender, já na primeira edição da obra conjunta intitulada *Teoria Geral do Processo*, a ideia de lide como elemento característico essencial da jurisdição civil e penal, "dando ensejo a criação de uma 'nova disciplina de Teoria Geral do Processo', com a 'unificação, em uma só disciplina, dos estudos de Direito Processual Civil e Penal', na Faculdade de Direito da Universidade de São Paulo na década de 70".[57]

Roberto Ferreira Archanjo da Silva é um dos críticos dessa teoria generalista e identifica o equívoco doutrinário em que incidem os seus defensores, destacando que a leitura dos estudos de Direito Processual Penal de Francesco Carnelutti exige atenção para a evolução de seu pensamento, através do conjunto dos escritos por ele produzidos, principalmente "da última fase do pensamento carneluttiano expresso na obra *Princípios do processo penal*, onde faz ajustes relevantes acerca da *contenciosidade*, *lide* e *pretensão*. Isto, quiçá, tenha passado despercebido na proposta de uma teoria geral do processo englobando o processo penal".[58]

Até mesmo os precursores da referida teoria, nas edições mais recentes da obra citada, cedendo às críticas dos processualistas penais, passaram a não mais defender de forma contundente a existência de lide no processo penal, ponderando o seguinte: "Quem admitir que existe a lide penal (de resto, negada por setores significativos da doutrina) dirá que ela se estabelece entre a pretensão punitiva e o direito à liberdade; no curso do processo penal pode vir a cessar a situação litigiosa, como quando o órgão da acusação pede absolvição ou recorre em benefício do acusado – mas o processo penal continua até a decisão judicial, embora lide não exista mais. Em vez de *lide penal* é preferível falar em *controvérsia penal*".[59]

A *controvérsia penal*, portanto, diferente da essência conceitual de *lide*, não pressupõe um embate entre os sujeitos parciais da persecução penal pela busca de objetivos colidentes, mas a adoção de caminhos distintos para se atingir um mesmo destino, que é a efetivação do justo processo.

Na linha do que foi dito e com apoio no entendimento de Luigi Ferrajoli, pode-se afirmar que com o advento dos Estados Democráticos de Direito – que inauguram um constitucionalismo de terceira geração, proativo, pautado na força normativa dos princípios constitucionais, em que o Poder Judiciário detém competência para controlar os abusos do Estado e suprir-lhe as

---

57 SILVA, Roberto Ferreira Archanjo da. Op. cit., p. 21.

58 Ibidem, p. 39.

59 CINTRA, Antonio Carlos de Araújo; GRINOVER, Ada Pellegrini; DINAMARCO, Cândido Rangel. *Teoria geral do processo*. 26ª ed. São Paulo: Malheiros, 2010, p. 152.

omissões, inclusive em sede de controle de constitucionalidade –, realça-se a figura das garantias processuais de terceira geração, que se concretizam nas próprias instituições que têm por missão constitucional atuar no resguardo de direitos fundamentais.[60]

Na esfera penal, por expressa disposição constitucional, as instituições garantistas são o Poder Judiciário em suas várias instâncias, o Ministério Público, a Defensoria Pública, a Advocacia e, no Brasil, também a Polícia Judiciária[61], enquanto atores da persecução penal e órgãos naturais para o exercício das funções constitucionais que lhes são atribuídas.

O sistema processual penal democrático, acusatório por natureza – visto que a jurisdição penal não pode deflagrar-se de ofício (*nemo procedat judex ex officio*) –, impõe, assim, a exclusividade dos órgãos constitucionalmente definidos para o exercício de suas respectivas funções persecutórias: o Juízo Criminal é definido como órgão julgador natural, o Ministério Público como órgão acusador natural, a defesa técnica, com capacidade postulatória, como órgão defensor natural e a Polícia Judiciária, com especialização técnico-jurídica, como órgão investigador natural.[62]

As referidas instituições garantistas tomam feição, portanto, de verdadeiras guardiãs da ordem jurídica constitucional e dos princípios fundamentais incidentes no âmbito de atuação de cada uma delas, zelando e concretizando os direitos do investigado, acusado ou réu, o direito do Estado de exercer o seu poder-dever de punir e o direito individual e social de acesso à Justiça Penal.

Existe também, nessa nova sistemática, um compromisso ético e legal dos membros que integram os referidos seguimentos de atividade com os princípios e valores fundamentais consagrados no texto da Constituição, por isso a exigência de uma adequada formação jurídica para ingresso nas respectivas carreiras e para o exercício das funções que lhes são inerentes.

---

60 FERRAJOLI, Luigi. O constitucionalismo garantista e o Estado de Direito. Trad. André Karam Trindade. In: FERRAJOLI, Luigi; STRECK, Lênio Luiz; TRINDADE, André Karam (Org.). *Garantismo, hermenêutica e (neo) constitucionalismo: um debate com Luigi Ferrajoli*. Porto Alegre: Livraria do Advogado, 2012.

61 No Brasil, a Polícia Judiciária constitui-se em instituição essencial à função jurisdicional do Estado, exercendo, de per si, uma atividade técnico-jurídica, compromissada com os valores constitucionais fundamentais, não se tratando de mero órgão auxiliar dos demais atores da persecução penal.

62 O Projeto de novo Código de Processo Penal reflete em seu texto o modelo de processo penal democrático consagrado constitucionalmente: "Art. 4º O processo penal terá estrutura acusatória, nos limites definidos neste Código, vedada a iniciativa do juiz na fase de investigação e a substituição da atuação probatória do órgão de acusação".

### 2.2.2 Acesso à justiça penal

As principais garantias inerentes ao devido processo penal, das quais outras decorrem e se refletem por toda a persecução penal, são as da presunção de inocência, do acesso à Justiça Penal, do *juiz natural*, do tratamento paritário entre os sujeitos parciais da *persecutio criminis*, da ampla defesa, do contraditório e da motivação dos atos decisórios.

No que tange ao acesso à Justiça Penal, destaca-se esta garantia como indispensável à instrumentalização e efetivação dos ora citados e de outros princípios constitucionais fundamentais, pois assegura os meios necessários para a concretização de um provimento jurisdicional penal justo. Assenta-se, portanto, na premissa constitucional da igualdade e apresenta dois pontos fulcrais: a acessibilidade econômica e a acessibilidade jurídica.[63]

O Direito de acesso à Justiça funda-se, assim, no resguardo constitucional que se dá ao indivíduo – e por consequência a toda a sociedade – de ser submetido a um devido processo legal, em que são garantidos a ampla defesa, o contraditório e outros princípios que lhe são corolários, tudo isso com o fim de resguardar direitos fundamentais e promover a dignidade humana.

Como forma de instrumentalizar essa garantia, a Constituição Federal brasileira de 1988 reconhece a Advocacia como função essencial à atividade jurisdicional do Estado, institui as Defensorias Públicas para assistência aos hipossuficientes e atribui ao Ministério Público a titularidade da ação penal, outorgando-lhes garantias funcionais de extrema relevância para o desempenho de suas atividades.[64]

Isso porque, no processo penal a garantia de acesso à Justiça se concretiza por intermédio do exercício dos direitos de ação e de defesa dentro dos parâmetros constitucionais e legais, o que só se torna possível com a atuação de profissionais qualificados técnica e juridicamente para a consecução dessas importantes missões, além de se exigir o compromisso de todos eles com o resguardo dos direitos fundamentais.

Nesse sentido segue o entendimento de Marco Antonio Marques da Silva, para quem "a defesa, tal como a ação, é também um direito constitucional e processualmente garantido. Desse modo, como no processo a acusação é exercida por um órgão que possui conhecimentos técnicos-jurídicos, também ao acusado deve ser proporcionada idêntica oportunidade de se ver representando em juízo por quem tenha igual formação a do órgão acusador,

---

63 Cf. Constituição Federal, artigo 5º, *caput*.

64 Cf. Constituição Federal, artigos 127 a 130-A e 133 a 135.

sob pena de violar-se o tratamento paritário que é uma imposição do princípio do devido processo legal. A Constituição Federal no art. 5º, LXXIV, prevê que o Estado prestará assistência jurídica àqueles que não disponham recursos para tanto, sob pena de violar-se a imposição do devido processo legal do tratamento paritário das partes".[65]

Como visto, a garantia ampla de acesso à Justiça não se destina apenas àqueles economicamente desprovidos de recursos, mas a todos que, pela posição ocupada na relação jurídica, encontram-se impossibilitados de exercer plenamente, e em pé de igualdade, os direitos declarados constitucionalmente.

No Direito Penal, encontra-se nessa posição o indigitado autor de um delito que, diante do Estado e seu poder de punir, se estivesse despido de garantias fundamentais processuais penais, pouco poderia fazer para preservar a sua liberdade. Por isso a necessidade de atribuir-lhe a presunção relativa de inocência e garantir-lhe acesso ao devido processo, com todas as prerrogativas a ele inerentes.

José Carlos Barbosa Moreira, ao se referir à terminologia adotada pela Constituição Federal de 1988, no artigo 5º, inciso LXXIV ("assistência jurídica, integral e gratuita"), em contraponto àquela utilizada nas Constituições de 1934, 1946, 1967 e Emenda Constitucional nº 1/69 ("assistência judiciária"), afirma que "a grande novidade trazida pela Carta de 1988 consiste em que, para ambas as ordens de providências, o campo de atuação já não se delimita em função do atributo *judiciário*, mas compreende tudo que seja *jurídico*".[66]

O dispositivo constitucional tratado pelo referido processualista revela mais um indicativo de que a Constituição Federal promoveu a denominada *processualização do procedimento*, pois estendeu as garantias decorrentes do direito de acesso à Justiça a todas as relações qualificadas pelo Direito, judiciais ou extrajudiciais, dentre elas incluída também a investigação criminal.

### 2.2.3 Duração razoável do processo

A efetivação da garantia de acesso à Justiça passa necessariamente pela *duração razoável do processo*, hoje prevista como direito fundamental

---

65 SILVA, Marco Antonio Marques da. *Acesso à Justiça Penal e Estado Democrático de Direito*. São Paulo: Editora Juarez de Oliveira, 2001, p. 20-21.

66 MOREIRA, José Carlos Barbosa. O direito à assistência jurídica: evolução no ordenamento brasileiro de nosso tempo. In: TEIXEIRA, Sálvio de Figueiredo (Org.). *As garantias do cidadão na justiça*. São Paulo: Saraiva, 1993, p. 11.

no artigo 5º, inciso LXXVIII, da Constituição Federal, em decorrência de reforma levada a efeito pela Emenda Constitucional nº 45/2004.[67]

O direito fundamental à *duração razoável do processo*, no aspecto processual penal, foi normatizado no direito interamericano pelo artigo 8º do Pacto de San José da Costa Rica (Convenção Americana de Direitos Humanos de 1969)[68] e incorporado ao nosso ordenamento jurídico por intermédio do Decreto nº 678/1992, atingindo o status de norma constitucional já àquela época, por força do § 2º do artigo 5º da Lei Maior.

Pode-se também vislumbrar a existência de uma garantia de *duração razoável da investigação criminal* decorrente daquela ampla de duração plausível do processo. Isto porque a morosidade na condução e conclusão do procedimento extrajudicial pode resultar em obstáculo ao acesso à Justiça Penal, inviabilizando o exercício do direito de ação pelo órgão acusador e do direito de defesa pelo investigado, por conta da prescrição que pode fulminar a punibilidade do fato e da manutenção da *espada de Dâmocles*[69] sobre a cabeça do suspeito por anos a fio.

Fauzi Hassan Choukr, em análise a esse tema, destaca que a duração razoável, como garantia individual, "significa impedir que o sujeito seja submetido a uma atividade de repressão criminal por um tempo além do razoável. Já sob o outro ângulo, a aceleração temporal aparece como *marketing* para uma atividade persecutória eficiente, com uma apuração célere de um fato pretensamente delituoso, fazendo crescer o grau de confiabilidade na Justiça, na medida em que a confiança tem como parâmetro a rapidez".[70]

---

67 Essa garantia constitucional tem se refletido na atual legislação processual penal, a exemplo da Lei nº 13.285/2016, que fez inserir o artigo 394-A no Código de Processo Penal, estabelecendo que "os processos que apurarem a prática de crime hediondo terão prioridade de tramitação em todas as instâncias."

68 "Artigo 8º – Garantias judiciais 1. Toda pessoa terá o direito de ser ouvida, com as devidas garantias e dentro de um prazo razoável, por um juiz ou Tribunal competente, independente e imparcial, estabelecido anteriormente por lei, na apuração de qualquer acusação penal formulada contra ela, ou na determinação de seus direitos e obrigações de caráter civil, trabalhista, fiscal ou de qualquer outra natureza."

69 O termo se refere à anedota atribuída ao filósofo romano Marco Túlio Cícero (106 a.C.-43 a.C.), que tem como protagonista um jovem da corte de Dionísio, chamado Dâmocles, a quem foi proposto pelo tirano que assumisse o seu lugar no trono por um dia para desfrutar de todos os seus prazeres. Contudo, sobre ele permaneceria dependurada uma afiada espada, presa somente por um fio de rabo de cavalo, sujeito a inesperado rompimento, o que levaria à morte de seu ocupante. Essa metáfora é utilizada para demonstrar quão penosa se revela a condição daquele que permanece submetido, muitas vezes, por uma vida inteira, ao ônus do processo, em constante ameaça de punição, o que o impede de recomeçar sua trajetória e se ressocializar.

70 Op. cit., p. 149.

No que se refere à limitação temporal de tramitação do inquérito policial, principal instrumento formalizador da investigação criminal, o vigente Código de Processo Penal prevê em seu artigo 10, como regra geral, os prazos para a conclusão do procedimento, com possibilidade de prorrogação somente quando o investigado estiver solto (§ 3º), mas não reiteradas e ilimitadas vezes, sob o fundamento de acúmulo de feitos em tramitação ou de carências estruturais da Polícia Judiciária.[71]

Por conseguinte, os prazos razoáveis e suas respectivas dilações, quando permitidas, estão submetidos ao rígido controle judicial, do qual não podem descurar-se o delegado de polícia e o magistrado, sob pena de violarem a garantia constitucional de acesso à Justiça Penal.

André Nicolitt ressalta que o "§ 3º do art. 10 do CPP está em harmonia com a Constituição na medida em que cabe ao juiz fiscalizar o respeito à duração razoável do processo (art. 5º, LXXVIII, da CF/1988), garantia fundamental que se aplica no inquérito em razão das repercussões relevantes do procedimento investigatório sobre a esfera da dignidade humana".[72]

Viola a referida garantia constitucional, portanto, a prática cartorária adotada em alguns Juízos criminais do Brasil, que submetem os pedidos de dilação de prazo diretamente ao órgão do Ministério Público, sem que ocorra a análise jurisdicional de sua relevância, declinando o magistrado da imprescindível função constitucional de juiz de garantias da investigação criminal.[73]

O Projeto de novo Código de Processo Penal, como forma de definir regras voltadas a reafirmar a garantir constitucional de duração razoável da investigação criminal no processo penal brasileiro, propõe medidas que visam imprimir maior celeridade ao trâmite do inquérito policial e, inclusive, define um prazo máximo de 720 (setecentos e vinte) dias para conclusão definitiva do procedimento, sob pena de arquivamento dos autos pelo *juiz de garantias*.[74]

---

71 O Superior Tribunal de Justiça, nos autos das ações de *Habeas Corpus* nº 96666/MA e nº 209406/RJ, decidiu pelo trancamento de inquéritos policiais que estavam em trâmite por cerca de sete anos, fundando-se no excesso de prazo para a conclusão das investigações.

72 NICOLITT, André. *Manual de Processo Penal.* 5ª ed. São Paulo: Revista dos Tribunais, 2004, p. 202.

73 O § 3º do artigo 10 do Código de Processo Penal é expresso no sentido da necessidade de análise judicial dos pleitos de dilação de prazo apresentados pela autoridade policial: "Quando o fato for de difícil elucidação, e o indiciado estiver solto, a autoridade poderá requerer ao juiz a devolução dos autos, para ulteriores diligências, que serão realizadas no prazo marcado pelo juiz".

74 Cf. Projeto de novo Código de Processo Penal, artigos 29, *caput*, 31, *caput* e §§ 1º a 5º, e 32, *caput* e §§ 1º e 2º.

Conclui-se, portanto, que o efetivo acesso à Justiça Penal impõe uma persecução penal garantista, célere e eficaz, que promova justiça no caso concreto, com observância das normas-princípio constitucionais fundamentais, pressupondo uma devida investigação criminal, constitucional e legalmente produzida, e que propicie segurança jurídica para início e conclusão da fase judicial do devido processo penal.

# Capítulo 3
# DEVIDA INVESTIGAÇÃO CRIMINAL

**SUMÁRIO:** 3.1 Garantia de presunção de inocência; 3.2 Princípio do órgão investigador natural; 3.3 Igualdade das partes na investigação criminal.

A *devida investigação criminal* é uma garantia constitucional que decorre do amplo direito fundamental ao devido processo penal e pressupõe a observância dos princípios da presunção de inocência, do órgão investigador natural, imparcial e isento, do tratamento paritário dos sujeitos parciais, da prova legitimamente produzida em procedimento legal de natureza processual penal e da intervenção mínima, necessária, adequada e proporcional nas liberdades individuais.[1]

A fase extrajudicial da persecução penal, destinada à apuração dos fatos delitivos e efetivada por intermédio da atividade investigativa é formalizada, como regra, no inquérito policial, procedimento este abrangido pelo conceito amplo de processo penal.

Para Hélio Tornaghi "o processo, como procedimento, inclui também o inquérito policial. Não há erro, como por vezes se afirma, em chamar de processo o inquérito. Deve subtender-se que a palavra não está usada para significar relação processual, a qual, em regra, se inicia pela acusação".[2]

André Boiani Azevedo e Édson Luís Baldan, por sua vez, esclarecem que o princípio constitucional do devido processo penal, como vetor garantista, transcende os estreitos limites da relação jurídica processual judicial, estendendo-se também para a fase extrajudicial de investigação criminal, o que torna obrigatório o respeito aos direitos do imputado pelo Estado-investigador, devendo este instrumentalizar os "meios e formas para o exercício

---

1 Cf. Projeto de novo Código de Processo Penal: "Art. 5º A interpretação das leis processuais penais orientar-se-á pela proibição de excesso, privilegiando a dignidade da pessoa humana e a máxima proteção dos direitos fundamentais, considerada, ainda, a efetividade da tutela penal".

2 TORNAGHI, Hélio. *Compêndio de Processo Penal.* Rio de Janeiro: Editora José Konfino, 1967, p. 132, tomo I.

dessa prerrogativa defensiva sem a exclusão, ao revés com a coincidência, do interesse social".[3]

O devido processo penal implica, portanto, em muito mais do que a efetivação de direitos e garantias fundamentais apenas na fase judicial da persecução penal. Isso porque a "*persecutio criminis*, no direito brasileiro, compõe-se de duas fases distintas: a policial e a judicial"[4] e ambas instrumentalizam a garantia constitucional de acesso à Justiça Penal pela via do devido processo.

Apresenta-se, assim, graficamente, a seguinte estrutura das fases que compõem a persecução penal, sob o enfoque da garantia do devido processo penal constitucional:

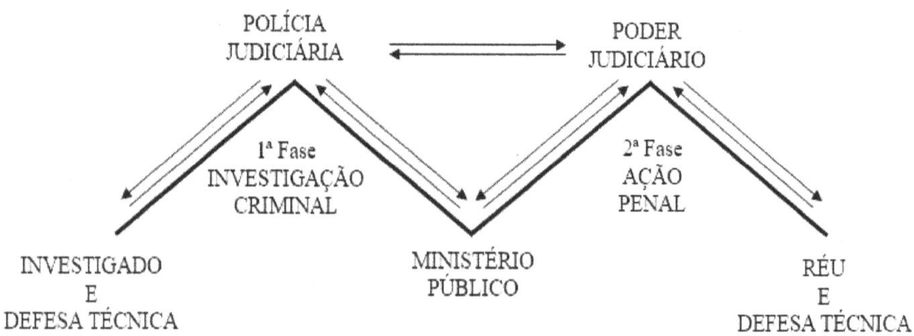


Nessa sistemática, o procedimento investigatório serve como um filtro do sistema de Justiça Criminal, limitando e viabilizando o exercício do poder de punir do Estado dentro das balizas constitucionais e legais, evitando, com isso, acusações infundadas e violações de direitos e garantias fundamentais.

Assim sendo, a devida investigação criminal prévia, constitucional e legalmente produzida, revela-se como uma garantia fundamental indispensável à concretização do ideal de processo justo e à efetivação do princípio da dignidade da pessoa humana.[5]

---

3 Op. cit., p. 6.

4 MARQUES, José Frederico. *Elementos de Direito Processual Penal*. 2ª ed. Campinas: Millennium, 2003, p. 130, v. I.

5 A redação do artigo 47 do Projeto de novo Código de Processo Penal afronta essa garantia constitucional, quando propõe que "qualquer pessoa do povo poderá apresentar ao Ministério Público elementos informativos para o ajuizamento de ação penal pública, não se exigindo a investigação criminal preliminar para o seu exercício". Essa medida suprimiria o filtro instituído constitucionalmente para o início do processo-crime, submetendo suspeitas superficiais ao crivo do Estado-Juiz,

## 3.1 GARANTIA DE PRESUNÇÃO DE INOCÊNCIA

A presunção de inocência, estampada no artigo 5º, inciso LVII, da Constituição Federal, dita, como regra de suma importância, que toda pessoa é considerada inocente até o advento de um provimento jurisdicional definitivo, prolatado no seio de um devido processo penal e que reconheça a sua responsabilidade penal[6].

Dessa garantia decorrem os seguintes postulados: a) a restrição à liberdade do investigado ou acusado antes da sentença definitiva só é admitida a título de medida cautelar (prisões provisórias processuais); b) o indiciado ou réu não tem o dever de provar sua inocência, tampouco de produzir provas em seu desfavor (*nemo tenetur se detegere*); c) para condenar o réu o juiz deve ter a convicção de que é ele o responsável pelo delito, bastando para a absolvição a dúvida a respeito de sua culpa (*in dubio pro reo*).

Conforme explana Cláudio José Langroiva Pereira, "não se pode deixar de verificar que o princípio da presunção de inocência é inerente à própria dignidade humana, estando presente na atividade probatória exatamente por, também, se manifestar como elemento natural de todo o juízo de valoração que ocorre no processo".[7]

Essa presunção relativa de não culpabilidade obviamente também é extensiva à investigação criminal. Isso porque na fase extrajudicial deve-se zelar pela busca da verdade real, princípio este que complementa a garantia de

---

em patente violação aos princípios processuais penais constitucionais, dentre eles a presunção de inocência, ampla defesa e o contraditório, garantidos pela instrução preliminar levada a efeito no inquérito policial.

6 O Supremo Tribunal Federal, em acórdão da lavra do Ministro Teori Zavascki, publicado em 17 de maio de 2016, nos autos do Habeas Corpus número 126.292-São Paulo, decidiu, por maioria de votos, pela possibilidade de execução provisória de sentença penal condenatória pendente de julgamento de recurso defensivo, alterando entendimento já consolidado naquela Corte, em grave violação ao texto literal do artigo 5º, inciso LVII, da Constituição Federal e, por consequência, à garantia fundamental de presunção de inocência. Essa decisão colegiada não teve o efeito de repercussão geral, mas mesmo assim passou a configurar perigoso precedente jurisprudencial a influenciar juízos e Tribunais de todo o país a praticarem a mesma inconstitucionalidade. Em 05 de outubro de 2016, em análise aos pedidos de tutela de urgência veiculados nos autos das Ações Declaratórias de Constitucionalidade 43 e 44 – propostas com o objetivo de fazer cessar as violações ao princípio da não culpabilidade, que passaram a ser perpetradas por magistrados de todo o país – o Plenário da Excelsa Corte entendeu, por maioria de votos, que o artigo 283 do Código de Processo Penal não impede o início da execução da pena após a condenação em segunda instância, imprimindo repercussão geral a esse novo posicionamento e sepultando, no Brasil, a garantia processual de presunção de inocência, conquistada a duras penas pela humanidade e insculpida em nossa Carta Constitucional Democrática exatamente para limitar o Estado e os seus Poderes instituídos quando do exercício do poder de punir em matéria penal.

7 PEREIRA, Cláudio José Langroiva. *Princípio da oportunidade e justiça penal negociada*. São Paulo: Editora Juarez de Oliveira, 2002, p. 19.

presunção de inocência, pois o poder de punir do Estado "só pode fazer-se valer em face daquele que, realmente, tenha cometido uma infração; portanto o Processo Penal deve tender à averiguação e descobrimento da verdade real, da verdade material, como fundamento da sentença".[8]

Por outro lado, investigar, processar criminalmente ou até mesmo decretar prisões provisórias, ou qualquer outra medida cautelar constritiva de natureza pessoal ou real, em sede de inquérito policial ou processo judicial, não significa afronta à presunção de inocência.

O respeito obrigatório ao princípio da não culpabilidade aplica-se ao inquérito policial, mas não o impede, o que mais uma vez denota ter o procedimento investigatório, modernamente, tomado feições de instrumento garantidor de direitos fundamentais, limitando o *jus puniendi* estatal, característica também marcante do processo-crime, ambos concretizando a ampla garantia do devido processo penal.

## 3.2 PRINCÍPIO DO ÓRGÃO INVESTIGADOR NATURAL

O princípio do órgão investigador natural, corolário do princípio do devido processo penal, é uma garantia constitucional fundamental que consiste no direito do indivíduo suspeito da prática de um delito de ser investigado por um órgão previamente definido na Constituição Federal, isento e imparcial, vinculado à estrita observância das normas penais e processuais penais, constitucionais e infraconstitucionais.

Para Cezar Roberto Bitencourt constitui "direito do cidadão e da sociedade saber, com antecedência, a quem incumbe investigar determinada infração penal, respaldado pela Constituição e pelas leis infraconstitucionais. Esse direito é decorrência natural da segurança jurídica, que deve ser preservada nos Estados democráticos de Direito".[9]

No direito comparado, verifica-se a adoção de diferentes modelos de investigação criminal, algumas dirigidas pela Polícia Judiciária, outras pelo Poder Judiciário ou pelo Ministério Público, variando a atuação deste último órgão nos diversos sistemas, algumas vezes exercendo a atividade de mero auxiliar do juiz instrutor e em outros casos assumindo a posição de titular da instrução preliminar.[10]

---

8 TOURINHO FILHO, Fernando da Costa. *Processo Penal*. 35ª ed. 2ª tir. São Paulo: Saraiva, 2014, p. 58-59, v. 1.

9 BITENCOURT, Cezar Roberto. A inconstitucionalidade dos poderes investigatórios do Ministério Público. In: *Ensaios sobre a atividade policial*. Revista Criminal, ano 5, vol. 15, set.-dez. 2011, p. 28.

10 Sobre a presidência da investigação criminal no direito comparado, cf. CHOUKR, Fauzi Hassan. Op. cit., p. 43-75.

A maioria dos países europeus migrou do sistema de juiz instrutor para o sistema em que o *Parquet* preside as investigações, como sucedeu na Alemanha, no ano de 1974, na Itália, em 1988 e em Portugal, em 1995.

O movimento pela adoção do *promotor investigador* na Europa não foi motivado pela maior eficiência desse modelo em relação ao Juízo de Instrução ou à exclusividade da investigação pela Polícia Judiciária, mas sim pela necessidade de afastar o magistrado das funções de investigar e acusar, adequando a nova sistemática à tradição daqueles países de concentrarem atribuições nas mãos do Poder Executivo central, já que seus Ministérios Públicos, na maioria dos casos, estão vinculados aos Ministérios do Interior ou da Justiça e os órgãos policiais nem sempre, além destes últimos não serem obrigatoriamente dirigidos por agentes públicos com formação jurídica.

Inspirada no sistema francês, a Alemanha criou o seu Ministério Público no final do século XIX, com a função de procurador do Rei prussiano e direcionado a controlar juízes e tribunais. Hoje o *Parquet* alemão é um órgão do Poder Executivo, vinculado ao Ministério da Justiça e subordinado hierarquicamente ao seu chefe.[11]

O Ministério Público *tedesco* estrutura-se "como um órgão hierarquicamente ordenado, cujos membros devem acatar as ordens do seu superior quando se referem ao serviço"[12]. Assim sendo, "deduz-se que a organização do Ministério Público na Alemanha segue os princípios da unidade e da dependência hierárquica [...]"[13] e "o procurador é um funcionário que carece da nota da independência judicial, dependendo do Ministro da Justiça, e não do Ministro do Interior (do qual depende a polícia)".[14]

Além disso, no modelo alemão, "por não existir juiz de instrução, o acusador privado, para ajuizar a ação, tem que levar a cabo toda a investigação, o que, na prática, resulta inviável".[15] Por outro lado, "a Polícia pode iniciar o procedimento de investigação da mesma forma que o Ministério Público. Trata-se de competência compartilhada".[16]

O modelo italiano, por sua vez, apresenta uma investigação preliminar estruturada de forma semelhante ao inquérito policial brasileiro. Contudo, o

---

[11] PERRON, Walter; LÓPEZ-BARAJAS, Inmaculada. O Ministério Público como diretor da investigação no processo penal alemão. Trad. José Raimundo Leite Filho. In: ESER, Albin...[et al]. *Desenvolvimentos atuais das ciências criminais na Alemanha*. Coords. Kai Ambos e María Laura Böhm. 1ª ed. Brasília: Gazeta Jurídica, 2013, p. 67-68.

[12] Ibidem, p. 69.

[13] Idem.

[14] Ibidem, p. 70

[15] Idem.

[16] Ibidem, p. 71.

Ministério Público figura como dirigente da investigação criminal, atuando a Polícia Judiciária sob a sua coordenação direta e o Juízo de garantias como guardião das liberdades individuais na fase prévia à judicial.

Vale ressaltar que dentro da estrutura estatal italiana os membros do *Parquet* compõem a mesma carreira dos magistrados, optando, em determinado momento da vida pública, pela atuação como órgão acusador, o que os aproxima da figura do juiz de instrução designado do direito francês.

No referido sistema jurídico peninsular europeu foi instituída também a denominada *investigação do defensor*, por intermédio da Lei nº 479, de 16 de dezembro de 1999, sendo introduzidas posteriormente no código de ritos italiano, pela Lei nº 397, de 07 de dezembro de 2000, "disposições específicas em matéria de investigação da defesa, atribuindo ao Advogado o direito-dever de, coadjuvado ou não por peritos e investigadores privados, empreender inúmeras ações tendentes à produção de evidências probatórias favoráveis a seu assistido [...]. Tal tarefa, não adstrita a ritos ou formas, pode ser desenvolvida em qualquer fase ou grau da persecução penal ou, ainda, em caráter meramente preventivo, isto é, diante da possibilidade de instrução de eventual procedimento criminal".[17]

Em Portugal segue-se o mesmo caminho do modelo italiano, cabendo à magistratura do Ministério Público presidir a investigação criminal, pois é considerada sua destinatária exclusiva. A presença da Polícia Judiciária na fase preliminar não é afastada pelo modelo lusitano, valendo-se os magistrados do Ministério Público de seu auxílio direto para a realização dessa importante atividade.

No sistema espanhol a investigação também é dirigida por órgãos jurisdicionais, com a peculiaridade de que a atividade executada pela Polícia Judicial é acompanhada pelo chamado Ministério Público Fiscal, que ocupa papel de destaque na fase extraprocessual, podendo seus membros requererem diligências ao Juiz Instrutor e até mesmo realizá-las pessoalmente, desde que autorizados pela legislação processual penal.

Na França, apesar das constantes investidas promovidas pelo Ministério Público com a finalidade de assumir a presidência da investigação criminal, ainda vigoram os Juízos de Instrução, em que os magistrados exercem essa atividade por tempo limitado, inicialmente por três anos, prorrogáveis por igual período.

Com o passar do tempo, o Juízo de Instrução francês também foi cedendo espaço à atuação da Polícia Judiciária e hoje a execução dessa atribuição pelos magistrados é dependente das atividades da polícia.

---

[17] AZEVEDO, André Boiani e BALDAN, Édson Luís. Op. cit., p. 7.

Na Inglaterra, país cujo Direito possui raízes anglo-saxônicas, a investigação preliminar é conduzida com exclusividade pela Polícia Judiciária que, inclusive, pode dar início à ação penal, posteriormente conduzida pelo órgão acusador, ou determinar o arquivamento dos autos da apuração preliminar.

Na terra da Rainha "o Ministério Público é de criação recentíssima, eis que somente em 1985 foi criado o Serviço de Persecução da Coroa, com espectro de atuação bastante restrito, haja vista imperar naquele país um sistema processual penal de iniciativa privada, em virtude da possibilidade da ação penal ser ajuizada por atuação da vítima ou de qualquer cidadão. Na prática, cabe à polícia que investiga o dever de, na sequência, promover a ação penal em juízo, com a assistência jurídica de um advogado (*solicitador*). Nesse sistema, pouco conhecido e estudado por nós, da mesma forma como o *solicitador* da polícia busca provas para apresentação em Juízo, igualmente o *solicitador* da defesa colhe os elementos favoráveis ao seu cliente".[18]

Como visto, em nenhum dos modelos europeus apresentados tornou-se possível afastar a Polícia Judiciária do exercício da atividade investigatória, guardando os órgãos a que foi outorgada a direção da fase extrajudicial estreito vínculo de dependência com a atividade policial, sem a qual não se torna viável desempenhar eficazmente a persecução penal.

Um dos maiores problemas da investigação criminal a cargo do Ministério Público é que, além de investigar, este órgão pode transformar a fase extrajudicial em uma atividade puramente voltada à acusação, com gravíssimos prejuízos aos direitos fundamentais do investigado e à busca da verdade, gerando desigualdade entre os sujeitos parciais da *persecutio criminis*.

O mesmo alerta é feito por Marco Antonio Marques da Silva, ao asseverar que "o Ministério Público, como parte que é na ação penal, exercendo funções inquisitoriais, em procedimento administrativo próprio, criaria disparidade no tratamento jurídico legal das partes, implicando no afastamento de qualquer caráter impessoal da investigação, circunstância repulsiva ao Estado Democrático de Direito no Brasil".[19]

Não se pode descurar da relevante função de *custos legis* desempenhada modernamente pelo Ministério Público, que o coloca, acima de tudo, na nobre condição de guardião da correta aplicação da lei. Contudo, não se pode esquecer que o *Parquet* é hoje o titular exclusivo da ação penal pública

[18] Ibidem, p. 4-5.

[19] SILVA, Marco Antonio Marques da. Igualdade na Persecução Criminal: Investigação e Produção de Provas nos Limites Constitucionais. In: *Processo Penal e Garantias Constitucionais*. São Paulo: Quartier Latin, 2006, p. 481.

na maioria dos países de cultura ocidental, ganhando destaque no sistema acusatório de Justiça Criminal.

Sendo assim, salutar se revela, no processo penal, enxergar o Ministério Público como sujeito parcial que realmente é, mantendo-o afastado da condução da investigação criminal, tendo em vista a natureza imparcial da primeira fase da *persecutio criminis* no sistema acusatório vigente, evitando, com isso, o desequilíbrio entre os sujeitos processuais e o prejuízo à efetivação do justo processo.

No sistema jurídico brasileiro – a despeito dos modelos europeus citados e suas destacadas imperfeições – a Polícia Judiciária (Federal e Civis dos Estados e do Distrito Federal) é, como regra, a instituição estatal responsável pela investigação criminal e a ela é garantida a atribuição para a prática de atos de polícia judiciária.[20]

Como exceção à regra da investigação criminal realizada pela Polícia Judiciária, o nosso sistema jurídico constitucional prevê hipóteses taxativas de investigações extraordinárias que, por se tratarem de situações excepcionais, decorrem de disposições expressas na Constituição Federal ou de garantias nela consagradas e consolidadas em normas infraconstitucionais.

É o caso da investigação realizada pelas Comissões Parlamentares de Inquérito, deflagrada no âmbito do Poder Legislativo para investigar fatos específicos e por prazo determinado, atividade que é regulada pela Lei nº 1.579/1952. Essas Comissões gozam de poderes próprios de polícia judiciária para a consecução das atividades apuratórias que, após concluídas, têm o seu produto final encaminhado ao Ministério Público, "para que promova a responsabilidade civil ou criminal dos infratores".[21]

Também é admitida no sistema jurídico constitucional pátrio a instauração, pelos Tribunais, de procedimento voltado a investigar magistrados suspeitos da prática de delitos. Esta hipótese de investigação é prevista na Lei Orgânica da Magistratura Nacional[22] e se trata de uma prerrogativa legal do magistrado de ser investigado pelo Tribunal ao qual está vinculado, como forma de garantir a independência do Poder Judiciário e a autonomia funcional do julgador, previstas constitucionalmente.

Ressalte-se que o Tribunal, conduzindo o feito, se valerá do auxílio da Polícia Judiciária para realizar as diligências necessárias à busca da verdade e deverá observar as normas processuais penais que disciplinam a atividade de investigação criminal.

---

20 Cf. Constituição Federal, artigo 144, §§ 1º e 4º.

21 Cf. Constituição Federal, artigo 58, § 3º.

22 Cf. Lei Complementar nº 35/1979, artigo 33, parágrafo único.

O inquérito em que figurem como investigados membros do Ministério Público será conduzido pela própria instituição, conforme dispõe a Lei Orgânica Nacional do Ministério Público[23]. Isto porque ao *Parquet* foi garantida constitucionalmente a autonomia funcional, o que se busca preservar com a prerrogativa de investigar seus próprios membros, claro que com a observância das normas processuais penais relativas à primeira fase da persecução penal.[24]

Essa última hipótese abordada é a única prevista expressamente no ordenamento jurídico brasileiro em que o Ministério Público está autorizado a realizar investigação criminal, uma vez que, neste caso, a Procuradoria-Geral é colocada na condição de órgão investigador imparcial e não na posição de acusador, devendo atuar com total isenção na busca da verdade em relação ao fato imputado ao membro da Instituição.

Apesar da clareza do tema visto sob o enfoque constitucional, o Supremo Tribunal Federal decidiu no sentido da possibilidade de o Ministério Público realizar investigação criminal diretamente, de forma unilateral, a despeito da garantia fundamental de igualdade das partes, essencial em um modelo de processo penal democrático como o brasileiro.[25]

Decidindo dessa forma, a Corte Suprema atentou contra os valores eleitos constitucionalmente e contra a própria democracia, pois esta pressupõe, em um Estado Democrático de Direito, um processo dialético de concretização de justiça, pautado na legalidade e na garantia de equilíbrio entre os sujeitos parciais em todas as fases da persecução penal.

Verifica-se, ainda, que o Supremo Tribunal Federal inovou o sistema jurídico processual penal de forma contrária ao próprio texto da Constituição

---

23 Cf. Lei n° 8.625/93, artigo 41, parágrafo único.

24 Cf. Constituição Federal, artigo 127, § 2º.

25 Cf. Recurso Extraordinário nº 593727/MG: "O Tribunal, por maioria, negou provimento ao recurso extraordinário e reconheceu o poder de investigação do Ministério Público, nos termos dos votos dos Ministros Gilmar Mendes, Celso de Mello, Ayres Britto, Joaquim Barbosa, Luiz Fux, Rosa Weber e Cármen Lúcia, vencidos os Ministros Cezar Peluso, Ricardo Lewandowski e Dias Toffoli, que davam provimento ao recurso extraordinário e reconheciam, em menor extensão, o poder de investigação do Ministério Público, e o Ministro Marco Aurélio, que dava provimento ao recurso extraordinário e negava ao Ministério Público o poder de investigação. Em seguida, o Tribunal afirmou a tese de que o Ministério Público dispõe de competência para promover, por autoridade própria, e por prazo razoável, investigações de natureza penal, desde que respeitados os direitos e garantias que assistem a qualquer indiciado ou a qualquer pessoa sob investigação do Estado, observadas, sempre, por seus agentes, as hipóteses de reserva constitucional de jurisdição e, também, as prerrogativas profissionais de que se acham investidos, em nosso País, os Advogados (Lei nº 8.906/94, art. 7º, notadamente os incisos I, II, III, XI, XIII, XIV e XIX), sem prejuízo da possibilidade, sempre presente no Estado democrático de Direito, do permanente controle jurisdicional dos atos, necessariamente documentados (Súmula Vinculante nº 14), praticados pelos membros dessa Instituição" (STF, RE nº 593727/MG, Rel. Min. Cezar Peluso, DJe nº 175, 04.09.2015).

Federal e aos seus princípios e valores fundamentais, violando as *regras do jogo*, decisão nitidamente antidemocrática, materialmente inconstitucional e atentatória à segurança jurídica e à própria dignidade humana.

Essa constatação foi feita, inclusive, pelo Ministro Marco Aurélio Mendes de Farias Mello, no corpo de seu voto-vista proferido nos autos do referido Recurso Extraordinário, nos seguintes termos: "A má estruturação de algumas polícias e os desvios de condutas que possam existir nos quadros policiais não legitimam, no contexto jurídico, as investigações do Ministério Público. O Judiciário vem, ao longo do tempo, evoluindo, para proporcionar tutela jurídica adequada. No entanto, as interpretações implementadas apenas são cabíveis quando há espaço normativo para tanto, sob pena de virem à balha decisões judiciais como opções puramente subjetivas dos julgadores, sem respaldo no arcabouço jurídico pátrio, contrariando regra constitucional expressa. Há de haver a autocontenção. Nunca é demasia lembrar que a atuação judicante é vinculada ao Direito posto e que a Lei das leis submete a todos indistintamente".[26]

Deixou, portanto, o Supremo Tribunal Federal, com esse julgado, uma porta aberta para que adentre ao sistema processual penal brasileiro a investigação defensiva[27], acolhida em países como a Inglaterra e Itália, pois essa possiblidade, mesmo diante da ausência de previsão legal, objetivaria "socorrer ao defensor o dogma sagrado constitucional da isonomia: os mesmos Juízes, complacentes com a investigação extralegal do Ministério Público na proteção da 'sociedade', não poderiam, pena de ofensa à *uguaglianza delle armi*, obstar a ação simétrica do Advogado criminalista na defesa, não menos nobre, daquele que, constitucionalmente, é presumido não-culpado".[28]

Prosseguindo no tema, destaca-se a derradeira hipótese de exceção constitucional em relação à investigação Policial Judiciária. É aquela de apuração dos crimes militares próprios e impróprios, tipificados no Código Penal Militar, que são investigados pelos próprios órgãos militares, por intermédio de um inquérito militar cujo trâmite é regrado pelo Código de Processo Penal Militar.[29]

Esses inquéritos militares são presididos por oficiais designados eventualmente para desenvolver atividades de investigação, deslocados de suas

---

26 Idem.

27 Há uma tendência de adoção dessa sistemática no Brasil, como forma de reforçar a garantia de igualdade dos sujeitos parciais no processo penal. É o que se verifica na redação do artigo 13 do Projeto de novo Código de Processo Penal, especialmente em seu § 2º, que utiliza expressamente a terminologia investigação defensiva: "§ 2º A vítima não poderá ser interpelada para os fins de investigação defensiva, salvo se houver autorização do juiz das garantias, sempre resguardado o seu consentimento".

28 AZEVEDO, André Boiani e BALDAN, Édson Luís. Op. cit., p. 8.

29 Cf. Constituição Federal, artigo 144, § 4º, parte final.

funções militares típicas, e não são necessariamente bacharéis em Direito. Não existe, portanto, uma polícia judiciária militar como instituição, nem tampouco autoridades policiais militares de carreira, mas sim militares que exercem funções de polícia judiciária atipicamente e em auxílio à Justiça Militar.

Como visto, o princípio do órgão investigador natural impõe a observância estrita das competências constitucionais e legais atribuídas às instituições autorizadas a realizar a investigação criminal.

Somente a Polícia Judiciária, como regra, e excepcionalmente os demais órgãos autorizados pela Constituição Federal estão legitimados a realizar investigações criminais, com rígida observância das garantias inerentes à legítima investigação e às normas penais e processuais penais que a regulam, respeitando os direitos fundamentais do investigado.

Importante destacar que qualquer tipo de investigação anômala, realizada por órgão não legitimado constitucionalmente, eiva de ilicitude toda a prova produzida em inobservância à garantia do devido processo penal, não podendo o procedimento inconstitucional e ilícito fundamentar qualquer acusação ou até mesmo a condenação de alguém, além de impor a responsabilização criminal daquele que ilicitamente usurpou funções e atentou contra as liberdades individuais.

Isso porque o artigo 5º, inciso LVI, da Constituição Federal, veda a admissão no processo das provas obtidas por meios ilícitos, conceito este que abrange a ilicitude em sentido estrito (provas materialmente ilícitas) e a ilegitimidade (provas processualmente ilícitas), sendo esta última a característica da prova produzida em desacordo com as normas que disciplinam a devida investigação criminal constitucional.

Não se pode, a qualquer preço e a pretexto de "combater a criminalidade", subverter a ordem constitucional democrática, colocando por terra todos os princípios e valores civilizatórios conquistados pela sociedade contemporânea, regredindo o processo penal à barbárie.

Klaus Bodemer, quando se refere à tendência do seguimento político e social latino-americano de defender a importação de milagrosos modelos adotados em nações desenvolvidas e nada condizentes com a realidade de nosso continente, sustenta que "é necessária uma política integral de segurança cidadã, cujas bases essenciais deveriam ser a igualdade de acesso ao sistema judicial para todos os cidadãos, a consecução de um equilíbrio entre as demandas legítimas de proteção social e o respeito das garantias fundamentais para todos os cidadãos, incluídos os réus, a incorporação das vítimas no tratamento das questões penais, a educação pública gratuita, o fortalecimento da participação da sociedade civil e a vinculação da segurança cidadã com estratégias de desenvolvimento social".[30]

Contudo, conclui o referido cientista político e pesquisador alemão que iniciativas "deste tipo provocarão, seguramente, resistências provenientes tanto da polícia e do setor judicial como também do âmbito político, e terão que contrariar o fato de que, na maioria dos países da região, a sociedade civil não está preparada para enfrentar o tema e costuma demandar panaceias universais".[31]

Sábio e democrático é o sistema que impõe limites ao poder estatal por intermédio de controles mútuos entre os órgãos que atuam na Justiça Criminal. Esta, indubitavelmente, é a grande qualidade do modelo de processo penal brasileiro, que vem sendo submetido a constantes e importantes aprimoramentos desde a promulgação da Constituição Federal de 1988, o que o tem mantido afastado de modelos alienígenas que não refletem a realidade cultural de nosso país e não propiciarão resposta adequada à nossa sociedade.

## 3.3 IGUALDADE DAS PARTES NA INVESTIGAÇÃO CRIMINAL

Para a concretização do direito de acesso ao justo processo penal, faz-se necessária, ainda, a observância do princípio da igualdade das partes na relação jurídica processual estabelecida entre o Estado e o indivíduo. Não se pode mais admitir, com base no ordenamento jurídico instituído pela Constituição Federal de 1988, cujo processo toma feição eminentemente democrática, a existência de disparidade de tratamento entre os sujeitos parciais da *persecutio criminis*.

Conforme defende Luigi Ferrajoli, "para que a disputa se desenvolva lealmente e com paridade de armas, é necessária, por outro lado, a perfeita igualdade entre as partes: em primeiro lugar que a defesa seja dotada das mesmas capacidades e dos mesmos poderes da acusação; em segundo lugar, que o seu papel contraditor seja admitido em todo o estado ou grau do procedimento e em relação a cada ato probatório singular, das averiguações judiciárias e das perícias ao interrogatório do imputado, dos reconhecimentos aos testemunhos e às acareações".[32]

---

[30] BODEMER, Klaus. Violência e (in)segurança cidadã na América Latina: percepções, dados empíricos e respostas teóricas e políticas. Trad. Cleopas Isaías Santos. In: ESER, Albin... [et al]. *Desenvolvimentos atuais das ciências criminais na Alemanha.* Coords. Kai Ambos e María Laura Böhm. 1ª ed. Brasília: Gazeta Jurídica, 2013, p. 282.

[31] Idem.

[32] FERRAJOLI, Luigi. *Direito...*, p. 565.

André Ramos Tavares, por sua vez, esclarece que, "na realidade, a paridade de armas tem como destinatário não apenas o Estado, mas também a parte contrária. É, em realidade, o próprio contraditório".[33]

Nesse sentido, há necessidade de se colocar todos aqueles que defendem interesses contrapostos em pé de igualdade durante todo o desenvolvimento do devido processo penal, não podendo mais existir supremacia do órgão acusador em detrimento da defesa, o que coloca em risco iminente o *status libertatis* do indivíduo e põe por terra todas as demais garantias constitucionais instituídas.

Sustenta-se, contudo, que o tratamento paritário não se estenderia à investigação criminal, pois o procedimento que a formaliza não estaria a encerrar acusação alguma, tratando-se de fase *pré-processual* cuja *inquisitividade* seria o seu cerne, o que afastaria a necessidade de se estabelecer igualdade de oportunidades entre o órgão acusador e a defesa.

Contudo, é patente e nos salta aos olhos a contraposição de interesses processuais existente entre o Ministério Público e o investigado e sua defesa técnica durante a apuração extrajudicial da materialidade e autoria delitivas, o que impõe igual oportunidade de participação destes sujeitos processuais também na fase de instrução preliminar.

Marco Antonio Marques da Silva destaca que "o contraditório impõe a conduta dialética do processo. Isso significa dizer que em todos os atos processuais às partes deve ser assegurado o direito de participar, em igualdade de condições, oferecendo alegações e provas, de sorte que se chegue à verdade processual como equilíbrio, evitando-se uma verdade produzida unilateralmente. É, portanto, componente essencial do *due process of law*, aplicando-se a todo e qualquer processo, entendido o termo como série de atos com a qual se pretende fundamentar uma decisão, seja judicial ou administrativa".[34]

Portanto, mesmo que não haja acusação na investigação criminal, faz ela parte do conceito amplo de devido processo penal e a sua deflagração revela-se como um gravame muito pesado para o indivíduo, podendo levá-lo ao indiciamento, à acusação formal no processo-crime e até mesmo constituir provas não renováveis que possam fundamentar a sua condenação.

Não cabe sustentar, assim, por descabido, tratar-se o suspeito em sede de inquérito policial de mero objeto de investigação, pois, em um Estado Democrático de Direito todo ser humano é titular de direitos fundamentais,

---

[33] Op. cit., p. 596.

[34] SILVA, Marco Antonio Marques da. Igualdade..., p. 481-482.

independentemente de sua condição jurídica, afastando-se assim concepções construídas sob a égide de regimes políticos de exceção, que impingiam *inquisitividade* absoluta à investigação criminal.[35]

Como bem observa Giuseppe Bettiol, "no conflito entre o *jus puniendi* do Estado, por um lado, e o *jus libertatis* do réu, por outro, a balança deve inclinar-se a favor deste último se se quer assistir ao triunfo da liberdade".[36]

Admitida a máxima do penalista italiano como norte para orientar o magistrado durante a fase judicial da persecução penal, mostra-se pertinente também a sua acolhida na fase preliminar de investigação criminal, menos no sentido de pender a balança para o lado de quaisquer dos sujeitos parciais, mas sim como forma de garantir a plena igualdade durante a tramitação do procedimento que formaliza a devida investigação legal.

---

35 Nesse sentido já decidiu o Supremo Tribunal Federal: "A unilateralidade das investigações preparatórias da ação penal não autoriza a Polícia Judiciária a desrespeitar as garantias jurídicas que assistem ao indiciado, que não mais pode ser considerado mero objeto de investigações. O indiciado é sujeito de direitos e dispõe de garantias legais e constitucionais, cuja inobservância pelos agentes do Estado, além de eventualmente induzir-lhe a responsabilidade penal por abuso de poder, pode gerar a absoluta desvalia das provas ilicitamente obtidas no curso da investigação policial" (HC 73.271, Rel. Min. Celso de Mello, DJ 28.06.1999, p. 25).

36 BETTIOL, Giuseppe. *Instituições de Direito e Processo Penal.* Coimbra: Coimbra Editora, 1974, p. 295.

# Capítulo 4
# POLÍCIA JUDICIÁRIA

Sumário: 4.1 Funções constitucionais e garantias institucionais; 4.2 Poder de polícia judiciária; 4.3 Delegado de polícia; 4.3.1 Garantias funcionais; 4.4 Controle dos atos de polícia judiciária.

A Polícia Judiciária é o órgão investigador natural por excelência e constitui-se em uma instituição permanente que compõe o aparato estatal de Justiça Criminal, essencial à função jurisdicional do Estado e à defesa da ordem jurídica, conforme se depreende da própria sistemática processual penal instituída pela Constituição Federal de 1988 e, por simetria, de textos expressos inseridos nas Constituições de alguns Estados da Federação brasileira.[1]

A Constituição Federal delegou à Polícia Federal e às Polícias Civis dos Estados e do Distrito Federal, órgãos hoje ligados ao Poder Executivo, funções de polícia judiciária, dentre as quais se encontra inserida aquela de realizar a investigação criminal.[2]

Revela-se *sui generis* no Brasil a vinculação administrativa e financeira da Polícia Judiciária ao Poder Executivo, mesmo sendo a Justiça Criminal a destinatária final das principais atividades por ela desenvolvidas.

Essa anomalia sistêmica ocorreu no transcorrer da história do Estado brasileiro, em sua transição do regime monárquico para o republicano, quando a Polícia Judiciária, dirigida até então por magistrados, passou a se vincular diretamente ao Poder Executivo, em patente confusão de funções com as polícias administrativas de segurança.[3]

---

1 A exemplo da Constituição do Estado de São Paulo, que dispõe: "Art. 140. À Polícia Civil, órgão permanente, dirigida por delegados de polícia de carreira, bacharéis em Direito, incumbem, ressalvada a competência da União, as funções de polícia judiciária e a apuração de infrações penais, exceto as militares. [...] § 2º No desempenho da atividade de polícia judiciária, instrumental à propositura de ações penais, a Polícia Civil exerce atribuição essencial à função jurisdicional do Estado e à defesa da ordem jurídica".

2 Cf. Constituição Federal, artigo 144, §§ 1º e 4º.

3 O Regulamento nº 120, de 31 de janeiro de 1842, voltado a instrumentalizar a execução das atividades de polícia judiciária definidas no artigo 3º da Lei nº 261/1841 (dentre elas a de realizar julgamentos), instituiu no Brasil Império a direção da Polícia Judiciária por Desembargadores ou Juízes

Essa situação foi agravada pelas instabilidades políticas que se sucederam, quando foram colocadas em cheque a autonomia e a harmonia dos Poderes da República, resultando em exacerbada concentração de atribuições nas mãos dos Chefes do Poder Executivo que, por conveniência do próprio regime vigente, mantiveram a Polícia Judiciária sob sua subordinação direta, para, discricionariamente, decidirem quais casos chegariam ao Poder Judiciário e quais deveriam permanecer afastados do Estado-Juiz.

Faz-se referência ao *Estado Novo* (1937-1945), regime inaugurado no Brasil por Getúlio Vargas, que perdurou durante a segunda grande guerra mundial e tinha como características marcantes a concentração de poder no governo central e o autoritarismo. Estas características foram as mesmas do regime castrense subsequente, iniciado com o golpe militar de 1964, levado a efeito após dezenove anos de vigência de uma frágil democracia no país e que passou por diversas crises políticas.

Esse último regime ditatorial perdurou até a promulgação da Constituição Democrática de 1988, tendo a Polícia Judiciária, durante esse período obscuro, sofrido os reflexos nefastos de sua submissão política aos governantes militares e aos seus aliados e simpatizantes.

Visto isso, verifica-se que o posicionamento topográfico em que foi mantida a instituição Polícia Judiciária no atual texto constitucional não é o mais adequado. É que, atuando seus órgãos na persecução penal e auxiliando diretamente o Poder Judiciário, deveria figurar dentre as instituições que desempenham funções essenciais à Justiça, no capítulo reservado a elas pela Constituição Federal.

Hoje a instituição Polícia Judiciária encontra assento constitucional no Capítulo III do Título V da Lei Maior, este último intitulado "Da Defesa Do Estado e das Instituições Democráticas", em que se disciplina o estado de defesa e o estado de sítio, regras sobre as forças armadas e demais órgãos de manutenção da integridade nacional e da segurança pública.[4]

A Polícia Judiciária desempenha funções primordiais à promoção do devido processo penal e não atividades de segurança pública imediata, exercendo uma forma de repressão criminal mediata guiada pelos princípios

---

de Direito, estes últimos desde que contassem com três anos de exercício de atividade jurisdicional, em que tivessem demonstrado "desinteresse, actividade e inteligência" (artigo 21).

4 A Polícia Judiciária não deve ter as suas funções confundidas com as dos órgãos típicos de segurança pública, por isso ideal seria figurar no Capítulo IV do Título IV da Constituição Federal, sob a rubrica de função essencial à Justiça, ao lado de instituições como o Ministério Público, a Advocacia Pública, a Advocacia e a Defensoria Pública.

constitucionais processuais penais, gozando seus membros de independência funcional para a consecução de suas atividades.

A Polícia Federal e as Polícias Civis dos Estados e do Distrito Federal, apesar de vinculadas administrativamente ao Poder Executivo e dele dependerem financeira e estruturalmente, não se subordinam a este Poder funcionalmente, no que diz respeito à investigação criminal e demais atos de polícia judiciária, que são realizados com autonomia funcional e guiados exclusivamente pelo Direito.

Não se nega aqui que a Polícia Judiciária exerce importante papel na prevenção criminal, mas nem por isso se coloca na condição de órgão de segurança pública, porque não lhe é afeita a missão de manter e restabelecer a ordem de forma imediata, mas sim promover uma prevenção criminal indireta, decorrente da própria concretização das normas penais e processuais penais, assim como ocorre com todas as demais instituições que atuam na Justiça Criminal.

Por outro lado, as instituições voltadas precipuamente à manutenção da ordem pública, agindo de forma preventiva imediata e ostensiva, são componentes da estrutura de segurança pública do Estado e exercem o denominado *poder de polícia administrativa*. Por isso, devem realmente ser tratadas em capítulo específico do texto constitucional, a exemplo do que já ocorre com as Polícias Rodoviária e Ferroviária Federais, Militares dos Estados e Guardas Municipais.[5]

Esses órgãos de polícia administrativa de segurança, típicos componentes da estrutura do Poder Executivo e a ele subordinados administrativa e funcionalmente, têm suas atividades regidas por normas de natureza administrativa e servem como ferramentas para a consecução de políticas públicas de segurança ditadas pelo Chefe do referido Poder.

O art. 144, § 4°, da Constituição Federal utiliza a designação *polícia civil* quando trata da Polícia Judiciária estadual, o que denota o equívoco do poder constituinte originário em manter apego ao modelo arcaico de divisão de órgãos policiais em civis e militares, forjado durante a vigência do regime ditatorial castrense.

Essa divisão conceitual não encontra guarida no Estado Democrático de Direito, pois hoje os órgãos que desempenham funções tipicamente militares de garantia da integridade do território nacional ou de manutenção da ordem pública (forças armadas militares federais e auxiliares estaduais),

---

[5] Cf. Constituição Federal, artigo 144, §§ 2°, 3°, 5° e 8°.

zelando pela defesa do Estado e das instituições democráticas, em nada se confundem com aqueles que auxiliam diretamente na administração da Justiça, revelando-se inadequada a utilização da terminologia *polícia civil* como se estivesse a designar a banda desmilitarizada dos órgãos citados, desempenhando as mesmas funções a eles afeitas, o que se mostra um contrassenso.

Inclusive, oportuno ressaltar que não encontra amparo no núcleo principiológico da Constituição a existência de órgãos militares exercendo funções de natureza civil. A atividade de polícia administrativa de segurança não se coaduna com instituições castrenses, pois estas são concebidas e estruturadas com base em uma filosofia de combate ao "inimigo", em situações de conflitos bélicos declarados, o que é inconcebível em um estado de normalidade democrática.

Klaus Bodemer, em estudo direcionado à análise do fenômeno da violência e da insegurança na América Latina, constata que "os policiais latino-americanos são normalmente mal remunerados, são frequentemente acessíveis à corrupção, são em parte, como no México, cooptados por cartéis de drogas e vão, às vezes, mais além de seu mandato, com medidas de 'limpeza social'. Pode-se mencionar, como exemplos, as matanças sistemáticas de meninos de rua, ocorridas no Rio de Janeiro e Tegucigalpa, a capital de Honduras".[6]

O mesmo pesquisador destaca que a polícia, em alguns países latino-americanos, revela "sintomas de comportamento autocrático, uma herança dos anos de ditadura, nos quais as forças policiais foram utilizadas pelo poder público para a supressão dos chamados 'elementos subversivos'. [...] No Brasil, formam-se 'esquadrões da morte' dentro da polícia. Estes atuam, não só encobertos, mas também evitam a luz da publicidade".[7]

Como visto, as instituições policiais de cunho militar, típica herança das ditaduras militares instaladas na América Latina, são facilmente manipuláveis e suscetíveis à prática de excessos, pois à tropa é imposta uma doutrina de cumprimento incontestável das ordens hierarquicamente superiores e dos regulamentos internos, por vezes incompatíveis com os valores consagrados no ordenamento jurídico-constitucional democrático.

Por outro lado, a incompatibilidade dos órgãos de polícia administrativa de segurança com as atividades de polícia judiciária é denunciada por Luigi Ferrajoli, ao explicitar que "o que de fato distingue o costume policialesco

6 Op. cit., p. 265-266.
7 Idem.

daquele judiciário e justifica a separação de funções é um conjunto de diferenciações que fazem da polícia uma função político-administrativa, pragmaticamente informada pela prioridade do resultado em relação aos meios de alcançá-lo, os quais, ao invés, são prioritários na atividade judiciária.[8]

O referido jurista italiano aduz, ainda, que "os aparatos policiais, especialmente na Itália, onde exercitam promiscuamente funções de polícia judiciária e de ordem pública, têm como tarefa primária a segurança coletiva contra delitos futuros mais do que a justiça dos casos individuais e passados; e seguem portanto estratégias flexíveis e mutáveis, não subordinadas aos rígidos vínculos legais e procedimentais que devem presidir a verificação judicial dos crimes".[9]

Essas linhas da lavra de Luigi Ferrajoli esclarecem a diversidade dos objetivos buscados pelas atividades de polícia judiciária e de polícia administrativa preventiva de segurança, visto que a primeira tem por escopo promover justiça penal no caso concreto, por intermédio da devida investigação legal, enquanto a segunda busca a manutenção da ordem pública, "construindo profissionalmente as suas funções como 'luta' contra a delinquência, e tendo desta maneira a tendência de considerar todos os suspeitos como culpados e inimigos".[10]

Sabe-se que no Brasil todos os entes federados (União, Estados, Distrito Federal e Municípios) podem legislar sobre Direito Administrativo para instrumentalizar o exercício de suas atribuições previstas nos artigos 23, 24 e 30 da Constituição Federal. Da competência para legislar decorre também aquela de editar atos normativos executivos e regulamentares, nas diversas esferas da Administração Pública, viabilizando a concretização da vontade do legislador e a consecução do interesse público.

Por outro lado, legislar sobre Direito Penal e Direito Processual Penal é competência exclusiva da União, o que torna o Direito Criminal brasileiro uniforme em todo o território nacional.[11]

Não podem, assim, os Estados federados, o Distrito Federal e os Municípios disciplinarem a forma como o Estado brasileiro exercerá o seu direito de punir em matéria penal, por intermédio de quais instituições e como se desenvolverá o devido processo penal, inclusive na sua fase inicial de investigação criminal.

---

[8] FERRAJOLI, Luigi. *Direito...*, p. 762.

[9] Ibidem, p. 763.

[10] Idem.

[11] Cf. Constituição Federal, artigo 22, inciso I.

Portanto, é vedado às leis e aos atos normativos de natureza Administrativa autorizarem a interferência nas liberdades individuais fora da órbita das funções de prevenção e repressão de ilícitos administrativos e manutenção da ordem pública. Qualquer norma de natureza diversa da penal ou da processual penal, de qualquer esfera federativa, que atribua às polícias administrativas de segurança funções típicas de instituições que atuam na *persecutio criminis* é nitidamente inconstitucional, por ferir a garantia do devido processo penal.

Por esses motivos, não podem os órgãos de polícia administrativa de segurança imiscuírem-se na persecução penal, pois não estão legitimados pela Constituição Federal e pela lei federal a exercerem o poder de polícia judiciária, pois este é regulado estritamente por normas de natureza processual penal e atribuído exclusivamente à Polícia Judiciária e ao próprio Juízo Criminal.

A única instituição brasileira à qual foram outorgados constitucionalmente os poderes de polícia judiciária e de polícia administrativa de segurança é a Polícia Federal, visto que o constituinte originário definiu como suas funções a de conduzir a investigação criminal, como exclusiva Polícia Judiciária da União, e a de realizar as atividades de polícia preventiva de fronteiras, portos e aeroportos, conforme dispõem os incisos I e IV do § 1° do artigo 144 da Constituição Federal.

Essa acumulação de funções de natureza e finalidades tão distintas resulta em deficiência de ambos os segmentos de atividade estatal, visto que a divisão de efetivo e de recursos e a concentração de atribuições em uma única instituição acaba por gerar prejuízo à investigação criminal, que tem como destinatária final a Justiça Penal, e a ineficácia da prevenção administrativa, esta última voltada à consecução de políticas públicas de segurança definidas pelo Poder Executivo.

A Lei Orgânica da Polícia do Estado de São Paulo havia atribuído à Polícia Civil, no final dos anos 1970, além das funções de polícia judiciária também o exercício da *polícia administrativa e preventiva especializada*[12], texto este que não foi recepcionado pela Carta Democrática de 1988, em decorrência da inquestionável clareza da opção do constituinte originário em atribuir as funções de polícia judiciária e polícia administrativa preventiva a instituições policiais estaduais distintas, o que se traduz em seu artigo 144, §§ 4° e 5°.[13]

---

12 Cf. Lei Complementar do Estado de São Paulo n° 207/1979: "Artigo 3° São atribuições básicas: I – Da Polícia Civil – o exercício da Polícia Judiciária, administrativa e preventiva especializada".

13 O mesmo se diga em relação à Constituição do Estado de São Paulo, que simetricamente reprisa o texto da Constituição Federal em seu artigo 140 e 141.

Luigi Ferrajoli, tecendo críticas ao modelo italiano e aos de outros países europeus e latino-americanos, que permitem o referido acumulo de funções, sustenta que as distintas atividades de natureza policial "deveriam estar destinadas a corpos de polícia separáveis entre eles e organizados de forma independente não apenas funcional, mas, também, hierárquica e administrativamente dos diversos poderes aos quais auxiliam. [...] A atual promiscuidade, seja subjetiva (dos aparatos) que objetiva (das funções), não permite, por seu turno, caracterizar a *polícia* nem sob o aspecto organizacional nem sob o aspecto funcional".[14]

O referido modelo peninsular europeu de polícia unificada vem sendo criticado há décadas não só por Luigi Ferrajoli, mas, também, por Francesco Carnelutti, que já se mostrava contrário, no início da segunda metade do século XX, à atuação dos comissários de polícia (*commissari di polizia*) e dos carabineiros (*brigadieri dei carabinieri*) em atividades de investigação criminal.[15]

A crítica tecida por Francesco Carnelutti não se apoia no fato de a polícia judiciária realizar a investigação criminal, mas sim na anomalia apresentada pelos órgãos de polícia da Itália republicana, que passaram a acumular as funções de polícia administrativa de segurança e de polícia judiciária sem a devida qualificação técnico-jurídica para o exercício desta última atividade, sendo confiada a investigação preliminar a "agentes quase sempre pouco preparados, tecnicamente e moralmente"[16], para realizar essa importante atividade persecutória de natureza processual penal.

A constatação das deficiências do direito de polícia em inúmeros países ocidentais leva-nos a concluir que o modelo constitucional e legal brasileiro, sob o aspecto da divisão de funções entre as instituições policiais, encontra-se consentâneo com os postulados garantistas, dependendo agora apenas de aprimoramentos no que tange à produção probatória em sede de Polícia Judiciária, como forma de imprimir segurança jurídica e legitimidade à investigação criminal e evitar retrocessos atentatórios aos valores constitucionais democráticos.

## 4.1 FUNÇÕES CONSTITUCIONAIS E GARANTIAS INSTITUCIONAIS

No enfoque processual penal constitucional, a Polícia Judiciária, como instituição de Estado, é, conforme já se destacou, uma garantia processual de terceira geração, visto que a Constituição assim a reconhece e lhe

---

14 FERRAJOLI, Luigi. *Direito...*, p. 709.

15 Op. cit., p. 105.

16 Idem, tradução nossa.

atribuiu a função de investigação criminal – além de outras típicas de polícia judiciária –, sendo esta componente indispensável da garantia do devido processo penal.

Sobre o tema, Fernando da Costa Tourinho Filho assevera que "a Polícia Judiciária exerce aquela atividade, de índole eminentemente administrativa, de investigar o fato típico e apurar a respectiva autoria. [...] Às Polícias Civis, dirigidas por Delegados de Polícia de carreira, incumbem, ressalvada a competência da União, as funções de investigar as infrações penais e sua respectiva autoria, bem como fornecer às Autoridades Judiciárias as informações necessárias à instrução e julgamento dos processos; realizar diligências requisitadas pela Autoridade Judiciária ou Ministério Público; cumprir os mandados de prisão expedidos pelas autoridades competentes; representar ao Juiz no sentido de ser decretada a prisão preventiva ou temporária".[17]

Nota-se, contudo, que a Polícia Judiciária no Brasil não exerce hoje atividade de natureza administrativa, como sustenta o referido autor, mas funções judiciais delegadas pela Constituição, de natureza cautelar e instrutória, o que lhe impõe imparcialidade e estrita observância às normas processuais penais e aos direitos fundamentais garantidos constitucionalmente.

Assim entende Sérgio Marcos de Moraes Pitombo, ao asseverar que "no procedimento do inquérito, encontra-se, portanto, conjunto de atos de instrução; transitórios uns, de relativo efeito probatório e definitivos outros, de efeito judiciário absoluto. Melhor, pois, afirmar que a polícia, enquanto judiciária e o inquérito, que ela faz, exsurgem administrativos, por sua atuação e forma, mas judiciários, nos seus fins".[18]

É sabido que as funções de natureza administrativa são típicas do Poder Executivo e instrumentalizadas por seus respectivos órgãos. Todavia, também são exercidas atipicamente pelos Poderes Legislativo e Judiciário, para gestão interna de seus organismos, o que não desnatura as atividades próprias que lhes são constitucionalmente atribuídas.

O fato de a Polícia Judiciária ser organizada internamente por normas de Direito Administrativo e compor a estrutura do Poder Executivo não transforma as funções judiciárias por ela desenvolvidas em atividades de cunho administrativo. Isso porque seus atos e procedimentos são regrados pelo Direito Processual Penal e dele não podem divorciar-se.[19]

---

[17] Op. cit., p. 229.

[18] PITOMBO, Sérgio Marcos de Moraes. *O indiciamento como ato de polícia judiciária.* Belém: Cejup, 1986, p. 22.

[19] Assim também ocorre o Ministério Púbico e a Defensoria Pública, que, apesar de comporem o Poder Executivo e gozarem de autonomia administrativa, financeira e funcional, exercem atividades

Deste modo, apesar de impropriamente estar vinculada ao Poder Executivo e à sua típica estrutura de Administração Pública, a Polícia Judiciária não tem o produto final de seu trabalho destinado a este Poder e muito menos suas atividades fins regradas por normas de Direito Administrativo, o que deixa nítida a essência judicial desse órgão e a natureza processual penal de suas funções.

Inclusive, é o que se pode extrair da redação dada ao parágrafo único do artigo 4º do Código de Processo Penal, que, ao tratar do exercício do poder de polícia judiciária na investigação criminal, destaca que a atribuição da autoridade policial (delegado de polícia) para dirigir a investigação criminal "não excluirá a de *autoridades administrativas*, a quem por lei seja cometida a mesma função"; ou seja, o próprio texto do citado parágrafo deixa claro que o delegado de polícia não ocupa a posição de autoridade administrativa quando da consecução das atividades de polícia judiciária, visto que o legislador não utilizou o termo "*outras autoridades administrativas*", a fim de identifica-las com a autoridade policial.

A lei processual penal, portanto, trata o delegado de polícia como autoridade judicial delegada e natural da primeira fase da persecução penal, diante do fato de exercer as funções de um órgão que compõe o aparato estatal de Justiça Criminal, qual seja, a Polícia Judiciária

Também não há que se falar na existência de distinção entre funções de polícia judiciária e de investigação criminal, como se fossem atividades estatais de naturezas diversas. A investigação criminal é uma função típica de polícia judiciária, quiçá a mais importante delas, mas não exclui outras da mesma espécie e de semelhante relevância.

A Constituição Federal de 1988 não faz distinção entre as atividades de polícia judiciária e de investigação criminal, mas simplesmente destaca a relação de continente e conteúdo existente entre elas, no sentido de destacar que a apuração de infrações penais e de suas respectivas autorias constitui atividade de polícia judiciária, atribuída exclusivamente às Polícias Judiciárias Federal e Civis dos Estados e do Distrito Federal.[20]

Pode-se citar como exemplo de outra importante atividade de polícia judiciária, distinta da investigação criminal, aquela que hoje vêm sendo desenvolvida nos denominados Núcleos Especiais Criminais – NECRIMs, instalados de forma pioneira pela Polícia Civil do Estado de São Paulo e que

---

jurídicas direcionadas à Justiça Criminal e não tipicamente administrativas (CF, arts. 127, §§ 2º e 3º, e 134, §§ 2º e 3º).

20 Cf. Constituição Federal, artigo 144, §§ 1º e 4º.

têm a sua estrutura básica delineada pelo Decreto Estadual nº 61.974, de 17 de maio de 2016.

Esses Núcleos objetivam promover a conciliação entre os envolvidos em infrações de menor potencial ofensivo, cuja ação penal seja privada ou pública condicionada, nos termos da Lei nº 9.099/1995. Busca-se a solução de conflitos de natureza criminal pela via alternativa da justiça penal negociada.

Trata-se, portanto, de atividade abrangida pela esfera de competência constitucional da Polícia Judiciária, visto que se caracteriza como uma forma de auxílio à Justiça Criminal, após a ocorrência de um fato delituoso de menor gravidade, com nítido objetivo filtrar o sistema de persecução penal, preservando a atuação do Poder Judiciário para os casos em que realmente se faz necessária a intervenção jurisdicional, sem prejuízo, contudo, ao exercício do direito fundamental de acesso à Justiça.

Nesse sentido, a terminologia *funções de polícia judiciária* é utilizada como gênero para designar as várias atividades típicas que dele são espécies, dentre elas a atividade de investigação criminal.[21]

Aury Lopes Júnior destaca "que neste sistema a polícia não é mera auxiliar, senão o titular (verdadeiro diretor da instrução preliminar), com autonomia para dizer as formas e os meios empregados na investigação e, inclusive, não se pode afirmar que exista uma subordinação funcional em relação aos juízes e promotores".[22]

Verifica-se, portanto, que as atividades desempenhadas pela Polícia Judiciária no Estado Democrático de Direito têm por finalidade precípua viabilizar o exercício do poder de punir do Estado dentro das balizas constitucionais e legais, resguardando direitos e efetivando garantias fundamentais. Isso tudo como forma de limitar o próprio Estado no exercício de seu poder de punir, auxiliando, assim, na concretização do justo processo, na efetivação do direito social à segurança e na busca do primado maior de existência digna para todos.

Para a consecução desses objetivos, a Polícia Judiciária deve dispor de algumas garantias institucionais, dentre as quais destaca-se a mais importante delas, consubstanciada na autonomia funcional para a prática de suas atribuições constitucionais de investigação criminal e de polícia judiciária em geral.

O texto da Lei Orgânica da Polícia do Estado de São Paulo, editada sob a égide do regime ditatorial militar, instituiu subordinação *hierárquica,*

---

21 No texto do artigo 4º do Código de Processo Penal o legislador define como finalidade da atividade de *polícia judiciária* realizar "a apuração das infrações penais e da sua autoria".

22 LOPES JÚNIOR, Aury. *Investigação Preliminar no Processo Penal.* 6ª ed. São Paulo: Saraiva, 2014, p. 57.

*administrativa e funcional* da Polícia Civil ao Secretário de Segurança Pública, cargo este de livre nomeação pelo Governador do Estado e não ocupado necessariamente por integrante da carreira de delegado de polícia.[23]

O referido dispositivo legal não foi recepcionado pela Constituição Federal de 1988, visto que o artigo 144, § 4º, da Lei Maior define que a Polícia Judiciária estadual será dirigida por delegados de polícia de carreira[24], passando a gozar esta instituição de autonomia funcional em relação ao Chefe do Poder Executivo e seus auxiliares diretos, apesar de ainda permanecer subordinada administrativamente ao Governador do Estado, por força do § 6º do mesmo artigo da Constituição Federal.

Nesse contexto, constata-se a necessidade premente de que a Polícia Judiciária também passe a dispor de autonomia administrativa e financeira em relação ao Poder Executivo, haja vista o caráter judicial desta Instituição e a natureza jurídica das atividades desenvolvidas por seus membros, que lidam diretamente com o *status libertatis* e o *status dignitatis* do indivíduo, em prol do ideal de justo processo penal.

Outro não é o entendimento de Luigi Ferrajoli que, ao tratar do *direito de polícia* italiano, defende que "em particular, a polícia judiciária, destinada, à investigação dos crimes e a execução dos provimentos jurisdicionais, deveria ser separada rigidamente dos outros corpos de polícia e dotada, em relação ao Executivo, das mesmas garantias de independência que são asseguradas ao Poder Judiciário do qual deveria, exclusivamente, depender".[25]

Humberto Quiroga Lavié[26] define que um órgão com autonomia funcional e financeira é um órgão extrapoder, ou seja, não depende diretamente de nenhum dos Poderes do Estado, sendo que seus membros, para preservação dessa autonomia, não podem estar submetidos às determinações de nenhuma autoridade pública, prestando contas somente ao Direito.

Especificamente em relação à autonomia financeira, Hely Lopes Meirelles esclarece que se trata da "capacidade de elaboração da proposta orçamentária e de gestão e aplicação dos recursos destinados a promover as atividades e serviços do órgão titular da dotação. Essa autonomia pressupõe

---

23 Cf. Lei Complementar do Estado de São Paulo nº 207/1979: "Artigo 2º São órgãos policiais, subordinados hierárquica, administrativa e funcionalmente ao Secretário da Segurança Pública: I – Polícia Civil".

24 A Constituição do Estado de São Paulo reafirma o texto da Constituição Federal em seu artigo 140, dispondo que "à Polícia Civil, órgão permanente, dirigida por delegados de polícia de carreira, bacharéis em Direito, incumbem, ressalvada a competência da União, as funções de polícia judiciária e a apuração de infrações penais, exceto as militares".

25 FERRAJOLI, Luigi. *Direito...*, p. 709.

26 Apud MORAES, Alexandre de. Op. cit., p. 622.

a existência de dotações que possam ser livremente administradas, aplicadas e remanejadas pela unidade orçamentária a que foram destinadas".[27]

Não há dúvida, portanto, da necessidade de se outorgar autonomia plena à Polícia Judiciária em relação ao Poder Executivo, estabelecendo dotação orçamentária específica a ser gerida diretamente pela própria instituição e por intermédio de seus membros dirigentes. Só assim, a atividade de investigação criminal estaria isenta de qualquer interferência prejudicial à sua eficácia e eficiência, deixando de correr o risco de se tornar um instrumento voltado a fins pessoais ou puramente eleitoreiros, consolidando a sua vocação garantista no Estado Democrático de Direito.

## 4.2 PODER DE POLÍCIA JUDICIÁRIA

O poder de polícia judiciária é inerente às instituições que exercem regularmente a atividade de investigação criminal, além das demais funções típicas de polícia judiciária, e encontra a sua legitimação nas normas de Direito Processual Penal. É exercido com a finalidade de instrumentalizar a garantia do devido processo penal, legitimando a autoridade policial e seus agentes a praticarem atos legais, coercitivos ou não, que possibilitem a apuração da verdade sobre os fatos investigados, aplicando as normas penais e processuais penais que limitam e disciplinam o *jus puniendi* do Estado.

Esse poder de polícia judiciária não se confunde com o poder de polícia administrativa, inerente aos órgãos típicos da Administração Pública e regido pelas normas de Direito Administrativo, pois este último poder, em decorrência de sua natureza, é discricionário, autoexecutável e coercitivo, autorizando a intervenção imediata nas liberdades individuais ou coletivas e até mesmo legitimando a imposição de sanções administrativas restritivas de direitos sem a necessidade de prévia chancela do Estado-Juiz.[28]

Trata-se, portanto, de um poder nitidamente preventivo e excepcionalmente sancionatório, que concede autorização ampla à Administração Pública para interferir discricionariamente nas liberdades individuais, mas em momento algum a legitima a autoexecutar sanções penais ou a instrumentalizar

---

27 MEIRELLES, Hely Lopes. *Direito Administrativo Brasileiro*. 21ª ed. São Paulo: Malheiros, 1995, p. 203.

28 O Código Tributário Nacional traz um referencial conceitual de poder de polícia administrativa: "Art. 78. Considera-se poder de polícia atividade da administração pública que, limitando ou disciplinando direito, interêsse ou liberdade, regula a prática de ato ou abstenção de fato, em razão de intêresse público concernente à segurança, à higiene, à ordem, aos costumes, à disciplina da produção e do mercado, ao exercício de atividades econômicas dependentes de concessão ou autorização do Poder Público, à tranqüilidade pública ou ao respeito à propriedade e aos direitos individuais ou coletivos".

o devido processo penal, funções estas reservadas à jurisdição e ao seu aparato de Justiça Criminal.

Como se vê, o poder de polícia administrativa é um poder autoaplicável pelo agente da Administração Pública, com base em normas de Direito Administrativo e voltado à consecução de políticas públicas, o que não se coaduna com o Direito Penal e o Direito Processual Penal, que disciplinam um poder estatal de coerção mediata e especialmente limitado, consubstanciado no poder-dever de punir em matéria criminal, o qual só se concretiza por intermédio da jurisdição penal.

A legitimidade do poder de polícia judiciária está nas normas de processo penal e é ele tipicamente um poder inerente aos órgãos do Poder Judiciário, desde que a Constituição não o tenha delegado a outras instituições, como fez no Brasil em relação às Polícias Judiciárias Federal e Civis dos Estados e do Distrito Federal, vinculando-as aos respectivos Poderes Executivos.

O magistrado exerce o poder de polícia judiciária no processo penal de forma direta quando as normas processuais o autorizam a adotar, por exemplo, medidas coercitivas para o bom andamento do processo e a lavrar auto de prisão em flagrante delito em relação aos crimes praticados na sua presença.[29]

A Polícia Judiciária, por seu turno, exerce esse poder por delegação constitucional quando realiza a investigação criminal e as demais atividades de auxílio ao Poder Judiciário, legitimada que está pela Constituição Federal e pelas leis processuais penais infraconstitucionais que as regulamentam.

Luigi Ferrajoli explica que "as medidas cautelares de polícia consistem numa longa série de poderes instrutórios autônomos, paralelos àqueles de competência da magistratura, que por vezes as forças policiais podem exercitar sem autorização prévia ou mandado da autoridade judiciária, em derrogação ao monopólio da função jurisdicional a esta reservada [...]. Estes poderes, que no seu conjunto configuram um completo sistema de direito processual policialesco, são de competência da polícia judiciária".[30]

O poder de polícia judiciária, portanto, não se limita a permitir que a Polícia Judiciária interfira nas liberdades individuais apenas pela via da investigação criminal, autorizando, também, que preste auxílio direto ao Poder Judiciário em medidas coercitivas ou não, a exemplo do cumprimento de mandados de prisão, de busca e apreensão e do planejamento da proteção e escolta pessoais dos magistrados e membros do Ministério Público.[31]

---

29 Cf. Código de Processo Penal, artigos 251, 307 e 497, incisos I e II.

30 FERRAJOLI, Luigi. *Direito...*, p. 729.

31 Cf. Código de Processo Penal, artigo 13 e Lei nº 12.694/2012, artigo 9º.

Como atributo do poder de polícia judiciária, destaca-se o poder de requisição do delegado de polícia, cujo caráter coercitivo funda-se no imperativo de efetivação das medidas de polícia judiciária e na imprescindibilidade da instrução probatória do inquérito policial para elucidação da verdade sobre o fato apurado.[32]

Esse poder possibilita à autoridade policial, por exemplo, ver franqueado o acesso direto a documentos de interesse da investigação, desde que o conteúdo neles consignado não esteja acobertado pelo sigilo constitucional de dados com reserva de jurisdição, caso este em que é necessário recorrer à prévia autorização judicial.

Além disso, pode o delegado de polícia requisitar o compulsório comparecimento de pessoas à sua presença e determinar a realização de exames periciais a órgãos oficiais ou privados, quando essas medidas se mostrarem necessárias para a consecução das atividades de polícia judiciária.[33]

Tendo em vista o caráter coercitivo do qual se revestem as requisições da autoridade policial, o seu descumprimento imotivado pode levar o recalcitrante a ser responsabilizado pelo crime de desobediência, se particular, ou prevaricação, se agente público.[34]

Vê-se, portanto, que o poder de polícia judiciária serve como instrumento processual penal destinado a legitimar, constitucional e legalmente, a intervenção da Polícia Judiciária nas liberdades individuais e coletivas, como forma de garantir o bom andamento das atividades que lhe são inerentes em

---

[32] O poder de requisição do delegado de polícia é previsto expressamente no artigo 6º, incisos III e VII, do Código de Processo Penal, no artigo 2º, § 2º, da Lei nº 12.830/2013, nos artigos 15 e 16 da Lei nº 12.850/2013 e no artigo 17-B da Lei nº 9.613/1998, com a nova redação dada pela Lei nº 12.683/2012.

[33] O Supremo Tribunal Federal já se manifestou o sobre o poder de requisição da autoridade policial, em acórdão de relatoria do Ministro Ricardo Lewandowski, nos autos do Habeas Corpus nº 107644 – São Paulo, cuja ementa foi assim redigida: [...] I – A própria Constituição Federal assegura, em seu art. 144, § 4º, às polícias civis, dirigidas por delegados de polícia de carreira, as funções de polícia judiciária e a apuração de infrações penais. II – O art. 6º do Código de Processo Penal, por sua vez, estabelece as providências que devem ser tomadas pela autoridade policial quando tiver conhecimento da ocorrência de um delito, todas dispostas nos incisos II a VI. III – Legitimidade dos agentes policiais, sob o comando da autoridade policial competente (art. 4º do CPP), para tomar todas as providências necessárias à elucidação de um delito, incluindo-se aí a condução de pessoas para prestar esclarecimentos, resguardadas as garantias legais e constitucionais dos conduzidos. IV – Desnecessidade de invocação da chamada teoria ou doutrina dos poderes implícitos, construída pela Suprema Corte norte-americana e incorporada ao nosso ordenamento jurídico, uma vez que há previsão expressa, na Constituição e no Código de Processo Penal, que dá poderes à polícia civil para investigar a prática de eventuais infrações penais, bem como para exercer as funções de polícia judiciária [...]. (STF, HC nº 107644/SP, Rel. Min. Ricardo Lewandowski, DJe nº 200, 18.10.2011)

[34] Cf. Código Penal, artigos 319 e 330.

todos os seus seguimentos e, principalmente, para a efetividade do devido processo penal em sua fase preliminar de investigação criminal.

## 4.3 DELEGADO DE POLÍCIA

No Brasil, a instituição Polícia Judiciária é dirigida por delegados de polícia de carreira, conforme dispõem a Constituição Federal, no artigo 144, § 4º e a Lei nº 9.266/96, em seus artigos 2º-A, parágrafo único, e 2º-C, com a nova redação dada pela Lei nº 13.047/2014[35]. Ocupam essas autoridades públicas uma carreira jurídica típica de Estado, o que as coloca na posição de agentes políticos.

Na definição de Hely Lopes Meirelles, "agentes políticos são os componentes do Governo em seus primeiros escalões, para o exercício de atribuições constitucionais. Atuam com ampla liberdade funcional e possuem prerrogativas próprias, não estando sujeitos, em regra, a controle hierárquico, submetendo-se tão-somente aos limites constitucionais e legais estabelecidos. Exercem funções governamentais, judiciais e quase-judiciais, atuando com independência nos assuntos de sua competência".[36]

O delegado de polícia é o agente político no qual a Constituição e a lei processual penal concentraram o poder de polícia judiciária, o que o legitima a exercer funções judiciais por delegação[37]. Exemplo dessas atividades judiciais outorgadas constitucional e legalmente à autoridade policial são as de decretar a prisão cautelar em flagrante delito e praticar atos instrutórios nos autos do procedimento de investigação criminal, constituindo provas definitivas e legítimas a fundamentar decisões jurisdicionais.[38]

---

[35] O último dispositivo legal citado define que a direção-geral da Polícia Federal será exercida exclusivamente por delegado de polícia federal, integrante da última classe da carreira.

[36] Op. cit., p. 198.

[37] O Tribunal de Justiça do Estado de São Paulo, em acórdão da lavra do Desembargador Guilherme de Souza Nucci, reconheceu que o delegado de polícia, no sistema jurídico brasileiro, exerce legitimamente atividades judiciais delegadas, nos seguintes termos: "Inicialmente, quanto à afirmada ilegalidade da prisão em flagrante, ante a ausência de imediata apresentação dos pacientes ao Juiz de Direito, entendo inexistir qualquer ofensa aos tratados internacionais de Direitos Humanos. Isto porque, conforme dispõe o art. 7º, 5, da Convenção Americana de Direitos Humanos, toda pessoa presa, detida ou retida deve ser conduzida, sem demora, à presença de um juiz ou outra autoridade autorizada por lei a exercer funções judiciais. No cenário jurídico brasileiro, embora o Delegado de Polícia não integre o Poder Judiciário, é certo que a Lei atribui a esta autoridade a função de receber e ratificar a ordem de prisão em flagrante. Assim, *in concreto*, os pacientes foram devidamente apresentados ao Delegado, não se havendo falar em relaxamento da prisão. Não bastasse, em 24 horas, o juiz analisa o auto de prisão em flagrante" (TJSP, HC nº 2016152-70.2015.8.26.0000, 16ª Câmara de Direito Criminal, Rel. Des. Guilherme de Souza Nucci, 12.05.2015).

[38] Cf. Código de Processo Penal, artigos 6º, incisos I a IX, e 304, § 1º.

No que se refere à investigação criminal, incumbe ao delegado de polícia, detentor de formação jurídica idêntica à dos magistrados, defensores técnicos e membros do Ministério Público, instrumentalizar a colheita e materialização de provas que influenciarão na formação da *opinio delicti* do órgão acusador, na atuação da defesa, no juízo de admissibilidade da acusação pelo magistrado e, muitas vezes, na absolvição ou condenação do réu.

É, portanto, essa autoridade o membro da Polícia Judiciária que concentra as funções de direção da instituição e a presidência da investigação criminal e das demais atividades de polícia judiciária, caracterizando-se, por decorrência lógica do já tratado princípio do órgão investigador natural, em *autoridade policial natural* à realização da primeira fase da persecução penal.[39]

O *princípio do delegado de polícia natural* hoje se revela na exclusividade da presidência dos procedimentos de investigação criminal pelo delegado de polícia no âmbito da Polícia Judiciária, postulado este positivado nos §§ 1°, inciso IV, e 4° do artigo 144 da Constituição Federal, no parágrafo único do artigo 2°-A da já citada Lei n° 9.266/96 e no § 1° do artigo 2° da Lei n° 12.830/2013.[40]

A autoridade policial exerce o poder de polícia judiciária com o auxílio de seus agentes, servidores públicos da Polícia Judiciária que atuam sob sua subordinação hierárquica e coordenação direita ou por delegação requisitória, a exemplo dos investigadores e escrivães de polícia, dos agentes policiais e dos peritos criminais e médicos legistas.

Importante destacar que os servidores públicos integrantes dos órgãos de polícia administrativa de segurança, a exemplo dos policiais rodoviários federais, policiais militares estaduais e guardas municipais, não se classificam dentre os agentes da autoridade de polícia judiciária, visto que à essas polícias a Constituição Federal outorgou exclusivamente as funções preventiva-ostensiva e de preservação da ordem pública, de fiscalização de trânsito e de guarda dos próprios públicos municipais, afastando a possibilidade de lhes serem delegadas, por lei ou ato normativo, atividades típicas de polícia judiciária.[41]

---

39 O *caput* do artigo 18 do Projeto de novo Código de Processo Penal consagra essa realidade jurídica, dispondo que "a polícia judiciária será exercida pelos delegados de polícia no território de suas respectivas circunscrições e terá por fim a apuração das infrações penais e da sua autoria".

40 "Art. 2° [...] § 1° Ao delegado de polícia, na qualidade de autoridade policial, cabe a condução da investigação criminal por meio de inquérito policial ou outro procedimento previsto em lei, que tem como objetivo a apuração das circunstâncias, da materialidade e da autoria das infrações penais."

41 Cf. Constituição Federal, artigo 144, §§ 2°, 5° e 8°.

Isso porque os agentes de polícia administrativa de segurança atuam na prevenção imediata de ilícitos em geral[42] e não estão autorizados constitucionalmente a exercer o poder de polícia judiciária, sendo-lhes vedada a instrumentalização de normas penais e processuais penais e a atuação na persecução penal, visto tratarem-se de servidores de segurança pública que não compõem o aparato estatal de Justiça Criminal, do qual fazem parte os membros e os integrantes das carreiras auxiliares da Polícia Judiciária, da Defensoria Pública, do Ministério Público e do Juízo Criminal.

Para conduzir a investigação criminal e auxiliar diretamente o Poder Judiciário, o delegado de polícia ocupa uma carreira jurídica de Estado, conforme já destacamos, cujo ingresso no cargo, que é privativo de bacharel em Direito, se dá por intermédio de concurso público, exigindo-se, em alguns Estados da federação, a comprovação do exercício prévio de alguns anos de atividade jurídica.[43]

Do delegado de polícia exige-se imparcialidade e isenção na condução da investigação criminal, já que o objetivo de seu trabalho é o esclarecimento da verdade por intermédio da produção de provas legítimas nos autos de um procedimento legal de natureza processual penal.[44]

Inclusive, neste ponto, importante destacar o excerto de Marco Antonio Marques da Silva, para quem "a função e o cargo do delegado de polícia, decorrente da Lei nº 261, de 03 de dezembro de 1841, remonta à instituição de uma autoridade, hoje, de caráter centenário. Daí porque, em sua independência e imparcialidade, já que totalmente desvinculado do Poder Judiciário (órgão julgador), do Ministério Público, bem como da Defesa, desponta o Delegado de Polícia como autoridade mais que ideal a assegurar a presidência de um procedimento investigatório, para delimitar e instruir uma eventual denúncia, sem vícios ou comprometimentos, buscando provas da

---

42 Esses servidores públicos, que compõe a estrutura funcional dos órgãos do Poder Executivo, não atuam exclusivamente na prevenção de infrações penais, mas também de ilícitos administrativos em geral, a exemplo das infrações administrativas ambientais e de trânsito.

43 Os artigos 2º, *caput*, e 3º, da Lei nº 12.830/2013 dispõem sobre a natureza jurídica das atividades desempenhadas pelo delegado de polícia e a exigência do título de bacharel em Direito para ocupar o referido cargo. No Estado de São Paulo, a Constituição, em seu artigo 140, § 4º, dispõe: "O ingresso na carreira de Delegado de Polícia dependerá de concurso público de provas e títulos, assegurada a participação da Ordem dos Advogados do Brasil em todas as suas fases, exigindo-se do bacharel em direito, no mínimo, dois anos de atividades jurídicas, observando-se, nas nomeações, a ordem de classificação".

44 O Projeto de novo Código de Processo Penal objetiva expressar no texto legal esses atributos exigidos do delegado de polícia na condução do inquérito policial: "Art. 19. O inquérito policial será presidido por delegado de polícia de carreira, que conduzirá a investigação com isenção e independência".

existência de delitos e a indicação de seus prováveis autores, afastando o determinismo e os juízos errôneos, que o comprometimento do órgão ministerial para com a ação penal poderiam provocar".[45]

A Lei Estadual nº 1.152/2011, do Estado de São Paulo, é expressa no sentido de exigir imparcialidade e isenção do órgão investigador, apresentando pioneirismo e importante avanço para a plena adequação da investigação criminal aos seus verdadeiros objetivos.[46]

Constata-se, portanto, que a sistemática constitucional e legal alçou o delegado de polícia à condição de sujeito imparcial da persecução penal. Em decorrência disso, à autoridade policial também se estendem as hipóteses de impedimento e suspeição previstas no Código de Processo Penal para os magistrados e os órgãos auxiliares da Justiça.[47]

Assim sendo, o artigo 107 do Código de Processo Penal, que veda a arguição de suspeição da autoridade policial, deve ser submetido a uma interpretação conforme a Constituição Federal, o que impõe o entendimento de que em qualquer momento da investigação criminal pode ser suscitado o impedimento ou a suspeição do delegado de polícia para presidir a apuração de um caso concreto, como forma de garantir a atuação imparcial.

É o que também defende Guilherme de Souza Nucci, quando afirma não ver "sentido para uma autoridade policial suspeita não poder ser afastada pelo juiz, fiscal da investigação, quando alguém se sentir prejudicado. Mais correto é a afirmação de que a autoridade *deve* declarar-se suspeita, havendo motivo legal. Entretanto, não é suficiente deixar-se ao critério da autoridade policial fazê-lo."[48]

O Projeto de novo Código de Processo Penal, acolhendo essa nova realidade imposta pelos princípios constitucionais processuais, propõe a previsão expressa de sujeição do delegado de polícia à suspeição e ao impedimento nas mesmas hipóteses que ensejam o afastamento do juiz do processo, consagrando a sua condição de sujeito imparcial da primeira fase da persecução penal e legitimando a intervenção jurisdicional quando houver necessidade de declarar prejudicada essa essencial condição pessoal e funcional da autoridade policial no curso da investigação criminal.[49]

---

45 SILVA, Marco Antonio Marques da. Igualdade..., p. 487.

46 "Art. 1º [...] § 2º A independência funcional é garantida pela autonomia intelectual para interpretar o ordenamento jurídico e decidir, com imparcialidade e isenção, de modo fundamentado" (Nova redação dada pela Lei Estadual nº 1.249/2014).

47 No vigente Código de Processo Penal, as hipóteses de suspeição e impedimento dos magistrados estão previstas nos artigos 251 a 256.

48 NUCCI, Guilherme de Souza. *Manual de Processo Penal e Execução Penal*. 11ª ed. Rio de Janeiro: Editora Forense, 2014, p. 247-248.

49 Cf. Projeto de novo Código de Processo Penal, artigo 19, parágrafo único, combinado com os artigos 53 e 55.

Toda essa evolução democrática dos órgãos que atuam na investigação criminal resulta da constitucionalização do processo penal brasileiro, pois a Constituição Federal de 1988 impôs a adaptação das instituições que compõe o aparato de Justiça Criminal à sua vocação garantista, exigindo dos agentes políticos que as integram conhecimentos técnicos e jurídicos necessários à eficiente consecução de suas funções, atribuindo-lhes maiores poderes e responsabilidades, além de reconhecer-lhes garantias funcionais indispensáveis para que possam contribuir para a concretização do ideal de processo justo, com respeito intransigente dos direitos humanos fundamentais.[50]

### *4.3.1 Garantias funcionais*

Para a correta aplicação do Direito no exercício das atividades de polícia judiciária, o sistema jurídico vigente revelou ser indispensável que o delegado de polícia disponha das mesmas garantias funcionais inerentes às demais carreiras jurídicas que exercem funções essenciais à Justiça, prerrogativas essas que se constituem na independência funcional, na inamovibilidade, na vitaliciedade e na irredutibilidade de vencimentos.

Não se pode admitir que a hierarquia administrativa influencie nas decisões tomadas pelo delegado de polícia no exercício das atividades de polícia judiciária, impondo-lhe determinações superiores. A edição de recomendações para orientar a atuação uniforme das autoridades é admissível, mas a influência direta nas decisões jurídicas é inconcebível, em face do desempenho de uma atividade que lida diretamente com a liberdade individual.

Por conta disso, hoje encontra-se expressamente prevista nas Constituições dos Estados do Amazonas[51], Espirito Santo[52], São Paulo[53], Santa

---

50 Pródigo em estabelecer responsabilidades dos órgãos que atuam na persecução penal para com as garantias constitucionais, o Projeto de novo Código de Processo Penal, em seu artigo 542, passa expressar a obrigatoriedade de o delegado de polícia submeter o indivíduo conduzido à sua presença a exame de corpo de delito, quando este apresentar lesões corporais, destacando o papel constitucional da autoridade policial de guardiã dos direitos fundamentais, cabendo-lhe reprimir a violência policial e a tortura, que configuram verdadeiros atentados à dignidade humana.

51 "Art. 115 [...] §3° Aos Delegados de Polícia integrantes das carreiras jurídicas do Estado, é assegurada a isonomia com as demais carreiras jurídicas e a independência funcional no exercício do cargo [...]".

52 "Art. 128 [...] § 6° O Delegado de Polícia é legítima autoridade policial, a quem é assegurada independência funcional pela livre convicção nos atos de polícia judiciária."

53 "Art. 140. [...] § 3° Aos Delegados de Polícia é assegurada independência funcional pela livre convicção nos atos de polícia judiciária."

Catarina[54] e Tocantins[55] a garantia de independência funcional do delegado de polícia.

Nesse mesmo sentido caminhou o legislador federal, ao dispor no § 4° do artigo 2° da Lei n° 12.830/2013 que o delegado de polícia que deflagrar a investigação criminal não poderá ser afastado da presidência do procedimento, mediante avocação dos autos de inquérito policial por superior hierárquico, exceto nos casos de real interesse público revelado pelo descumprimento de deveres funcionais e inobservância dos ditames legais.

Exige-se, ainda, que a referida avocação, quando cabível, se dê por intermédio de ato fundamentado e, por decorrência lógica, que a redistribuição dos autos a outra autoridade policial, caso ocorra, também se efetive da mesma forma motivada, sob pena de colocar por terra a garantia de independência funcional do delegado de polícia e a necessária imparcialidade e isenção para a condução do procedimento investigatório.

A designação da presidência de um inquérito policial à autoridade distinta daquela que o instaurou somente se justifica, face à nova sistemática constitucional e legal imprimida ao procedimento, nos casos de redistribuição dos autos motivadamente avocados, ou quando ocorrer remoção, substituição, afastamento regular, aposentadoria, exoneração ou demissão do delegado de polícia presidente do feito.

Em qualquer outra situação, pretender delegar a presidência de um inquérito policial a autoridade que não o instaurou no exercício de sua livre convicção jurídica, constitui patente violação à independência funcional do delegado de polícia.

As prerrogativas funcionais da inamovibilidade e da vitaliciedade também se mostram imprescindíveis para o regular exercício das atividades de polícia judiciária. A primeira porque impede a remoção compulsória e injustificada da autoridade policial e a segunda porque exige decisão judicial definitiva, proferida nos autos de um devido processo legal, para perda do cargo.[56]

---

54 "Art. 106 [...] §5° – Aos Delegados de Polícia Civil é assegurada independência funcional pela livre convicção nos atos de polícia judiciária."

55 "Art. 116 [...] *§ 2° Ao delegado de polícia, na qualidade de autoridade policial, cabe a condução da investigação criminal por meio de inquérito policial ou outro procedimento previsto em lei, que tenha como objetivo a apuração das circunstâncias, da materialidade e da autoria das infrações penais, atuando de acordo com seu livre convencimento técnico-jurídico, com independência funcional, isenção e imparcialidade".*

56 As Constituições dos Estados do Amazonas (art. 115, §3°, alíneas "a", "b" e "c") e Tocantins (art. 116, § 1°, alíneas "a", "b" e "c") consagram as garantias da vitaliciedade, da inamovibilidade e da irredutibilidade dos vencimentos do delegado de polícia, enquanto a Constituição do Estado de São Paulo (art. 140, §6°) reconhece a inamovibilidade relativa dessa autoridade em seu texto.

A remoção compulsória, o afastamento ou a demissão desmotivada de delegado de polícia, determinada por autoridade administrativamente superior, pode ser utilizada como manobra jurídica voltada a proteger interesses escusos daqueles que se veem ameaçados pela investigação criminal. Por isso há necessidade de se proteger a autoridade policial dessas interferências internas e externas que ameaçam a estabilidade de seu cargo e a eficiência da função constitucional que desempenha.

A já citada Lei Federal nº 12.830/2013, que disciplina a investigação criminal conduzida pelo delegado de polícia, instituiu a inamovibilidade relativa das autoridades policiais de todo o Brasil, permitindo a remoção apenas por intermédio de ato administrativo fundamentado.[57]

Os parlamentares paulistas, seguindo a tendência legislativa federal, aprovaram a Lei Estadual nº 1.249/2014, que alterou a Lei Estadual nº 1.152/2011, relativa à carreira de delegado de polícia, reforçando, em seu artigo 1º, §§ 1º e 3º, as garantias de independência funcional e de inamovibilidade já previstas na Constituição do mesmo Estado, além de estender à autoridade policial a garantia da irredutibilidade de vencimentos.[58]

Essa Lei estadual bandeirante também traz, no § 2º, do citado artigo 1º, uma esclarecedora definição do conteúdo da prerrogativa de independência funcional, dispondo ser esta "garantida pela autonomia intelectual para interpretar o ordenamento jurídico e decidir, com imparcialidade e isenção, de modo fundamentado".

As inovações legislativas aqui registradas consagraram uma situação jurídica que a própria sistemática da Constituição Democrática de 1988 já havia consolidado: a de que o delegado de polícia ocupa hoje a posição de agente político e que a instituição Polícia Judiciária exerce funções essenciais à Justiça, tornando indispensável outorgar-lhes garantias funcionais e institucionais para a consecução das suas atividades jurídicas de Estado.

Infelizmente a vitaliciedade ainda não foi estendida aos delegados de polícia de todo o país, perdendo o legislador a grande oportunidade de dar um passo além e imprimir maior eficácia e segurança jurídica à investigação criminal e às demais atividades de polícia judiciária.[59]

---

57 "Art. 2º [...] § 4º A remoção do delegado de polícia dar-se-á somente por ato fundamentado."

58 "Art. 1º [...] § 1º São garantias institucionais da carreira de Delegado de Polícia a independência funcional e a irredutibilidade de vencimentos. [...] § 3º A remoção do integrante da carreira de Delegado de Polícia somente poderá ocorrer a pedido do interessado ou por manifestação favorável, devidamente fundamentada, do Conselho da Polícia Civil" (redação dada pela Lei Estadual nº 1249/2014).

59 Conforme citado em nota anterior, os Estados do Amazonas e do Tocantins forma os únicos da Federação brasileira que, até este momento, consagraram expressamente no texto de suas Constituições

## 4.4 CONTROLE DOS ATOS DE POLÍCIA JUDICIÁRIA

O controle de constitucionalidade e de legalidade dos atos de polícia judiciária é realizado por órgãos internos e externos à instituição Polícia Judiciária. O controle interno se efetiva por intermédio dos órgãos correcionais definidos em lei e em atos normativos *interna corporis*, enquanto que o controle externo formal é realizado pelo Poder Judiciário e pelo Ministério Público, nos moldes constitucionais e legais, em atividade correcional ou jurisdicional, neste último caso quando provocado o Estado-Juiz em ação própria, a exemplo do *habeas corpus* e do mandado de segurança.

O controle interno restringe-se aos aspectos legais e administrativos das atividades desenvolvidas pelos órgãos executores de polícia judiciária, não podendo invadir o mérito jurídico das decisões tomadas pelo delegado de polícia, visto que a hierarquia administrativa vertical estabelecida entre as autoridades que compõem a Polícia Judiciária não se estende ao desempenho das funções jurídicas titularizadas pela autoridade policial, que são acobertadas pela garantia de independência funcional.

O controle externo, por sua vez, fica adstrito à constitucionalidade e legalidade dos atos de polícia judiciária, no que tange à sua compatibilidade com as normas penais e processuais penais e o ordenamento jurídico como um todo. Esta espécie de controle não se estende, contudo, às questões administrativas internas da Polícia Judiciária e deve ser exercido com respeito à independência funcional do delegado de polícia, característica inerente à carreira jurídica que integra.

A atuação do Poder Judiciário no controle externo das atividades de polícia judiciária se justifica no fato de que é a Justiça Penal a destinatária final do produto da investigação criminal, sendo o magistrado um dos principais interessados no esclarecimento da verdade dos fatos com estrito respeito aos direitos fundamentais, para que possa admitir o início do processo-crime e, em seus autos, decidir sobre a inocência ou culpa do denunciado. Portanto, a investigação se mostra indispensável ao exercício da jurisdição penal.

Conforme destaca Roberto Ferreira Archanjo da Silva, "com a consagração dos direitos humanos fundamentais, o processo penal, além de instrumento estatal para aplicar a penalidade e restabelecer a paz social violada, passa a ser um verdadeiro escudo contra as possíveis arbitrariedades estatais, por conseguinte, o juiz penal ganha uma nova atribuição, a de guardião desses direitos. Durante a persecução penal e na fase de execução da

---

a garantia de vitaliciedade do delegado de polícia, o primeiro por intermédio da Emenda nº 26/2014 e o segundo através da Emenda nº 82/2013.

sentença penal condenatória, nada escapa aos olhos do juiz penal, ainda que a fase de desenvolvimento daquela seja extrajudicial, pois exerce o controle sobre a polícia judiciária".[60]

O Projeto de novo Código de Processo Penal propõe a instituição da figura do *juiz de garantias* na estrutura da Justiça Criminal brasileira, ao qual restaria atribuída a função de exercer a jurisdição estritamente durante o trâmite da investigação criminal, com o fim de tutelar a sua legalidade e constitucionalidade, afastando-se do caso após a conclusão da instrução preliminar, para dar lugar ao juiz do *meritum causae*, preservando este último de qualquer contaminação advinda da atuação na fase extrajudicial da persecução penal.[61]

Por outro lado, apesar do acerto em propor a extinção da burocracia hoje existente de remessa dos autos do inquérito policial que investiga indivíduo solto ao juízo natural para prorrogação de prazo[62], não anda bem o referido Projeto de novo Código de Processo Penal quando dispõe sobre a comunicação apenas ao Ministério Público, pelo delegado de polícia, quando da instauração do procedimento ou quando da necessidade de prorrogação de prazo para a conclusão das apurações mais complexas, subtraindo do magistrado o controle de legalidade e constitucionalidade dos atos da Polícia Judiciária durante o trâmite da investigação criminal.[63]

O mesmo se diga em relação ao artigo 34 do mesmo Projeto, que institui como destinatário final do inquérito policial o Ministério Público, subtraindo do Juízo Criminal a análise preliminar dos termos conclusivos da investigação, obstando, com isso, o já citado controle jurisdicional imediato das garantias constitucionais processuais, medida incompatível com o modelo de processo penal democrático brasileiro, que preza pela imparcialidade e isenção do órgão investigador e do produto final do procedimento investigatório.[64]

Roberto Maurício Genofre segue a mesma linha dessa crítica e sustenta não ver "a exclusão do Poder Judiciário na investigação policial como compatível com os preceitos maiores da legislação pátria, pois qualquer

---

[60] Op. cit., p. 122-123.

[61] Cf. Projeto de novo Código de Processo Penal, artigos 14 a 17.

[62] Conforme hoje impõe o artigo 10, § 3º, do Código de Processo Penal.

[63] "Art. 20 [...] § 1º Nas hipóteses dos incisos I e III do *caput* deste artigo, a abertura do inquérito será comunicada imediatamente ao Ministério Público. [...] Art. 31. [...] § 1º Decorrido o prazo previsto no *caput* deste artigo sem que a investigação tenha sido concluída, o delegado de polícia comunicará as razões ao Ministério Público com o detalhamento das diligências faltantes, permanecendo os autos principais ou complementares na polícia judiciária para continuidade da investigação, salvo se houver requisição do órgão ministerial."

[64] "Art. 34. Concluídas as investigações, em relatório sumário e fundamentado, com as observações que entender pertinentes, o delegado de polícia remeterá os autos do inquérito ao Ministério Público, adotando, ainda, as providências necessárias ao registro de estatística criminal."

diminuição do sistema de controle e fiscalização nesta seara representa uma perda substancial na luta pela defesa dos direitos impostergáveis do cidadão".[65]

O Ministério Público, por sua vez, como órgão acusador natural e sujeito parcial da persecução penal, exerce o controle externo da atividade de investigação criminal respaldado na titularidade de seu direito de ação, pois se os trabalhos de polícia judiciária não forem conduzidos com observância das normas penais e processuais penais poderão inviabilizar a adequada atuação do membro do *Parquet* na fase jurisdicional da persecução penal.

Essa prerrogativa é prevista no artigo 129, inciso VII, da Constituição Federal como função institucional do Ministério Público e deve ser regulamentada por lei complementar. Contudo, os parâmetros desse controle não foram estabelecidos claramente pelo legislador derivado[66], existindo apenas um dispositivo na Lei Orgânica do Ministério Público da União que trata a matéria de forma genérica.[67]

Igual direito à verificação de legalidade dos atos praticados pela Polícia Judiciária acorre ao investigado e à sua defesa técnica, que gozam da prerrogativa à prova legitimamente produzida, como decorrência lógica das garantias constitucionais da ampla defesa e do contraditório, corolários do *due process of law*.

Desse modo, constatando alguma ilegalidade na condução da investigação criminal, o investigado, por intermédio de seu defensor técnico, pode provocar os órgãos de controle interno, mediante representação, ou o próprio Poder Judiciário, por intermédio de ação própria, para fazer cessar a ilegalidade atentatória ao direito individual à liberdade ou a qualquer outro direito fundamental garantido constitucionalmente.

Como visto, os instrumentos de controle interno e externo das atividades de polícia judiciária revelam-se indispensáveis à consecução da devida investigação criminal, garantindo lisura e legitimidade à promoção de justiça penal levada a efeito nos procedimentos investigatórios formalizados pela Polícia Judiciária, o que se mostra extremamente salutar ao modelo de processo democrático ao qual o Brasil aderiu.

---

65 GENOFRE, Roberto Maurício. O papel do juiz criminal na investigação criminal. *Boletim da Associação dos Juízes para a Democracia*, n. 23, jan.-mar. 2001, p. 9.

66 O Conselho Nacional do Ministério Público, órgão de controle interno do *Parquet*, editou a Resolução 20/2007, buscando regulamentar o exercício do controle externo da atividade policial pelos órgãos do Ministério Público de todo o país, medida nitidamente inconstitucional por ter usurpado função legislativa do Parlamento, não podendo gerar qualquer eficácia jurídica *extramuros*.

67 Cf. Lei Complementar nº 75/1993, artigo 9º.

# Capítulo 5
# INQUÉRITO POLICIAL



O inquérito policial é um procedimento de natureza processual penal que formaliza, como regra, a devida investigação legal, produzindo provas legítimas destinadas a elucidar a verdade sobre um fato supostamente delituoso e sua respectiva autoria.

Encontra seu regramento básico nos artigos 4º a 23 do Código de Processo Penal, sendo que a produção probatória e as medidas cautelares processuais penais realizadas durante o seu trâmite também estão disciplinadas pelo mesmo Código e em leis processuais penais especiais.

Embora a Constituição Federal de 1988 tenha trazido importantíssimas inovações para o processo penal brasileiro, consagrando garantias processuais fundamentais, tais inovações permaneceram afastadas do inquérito policial por muito tempo, em decorrência de tendências doutrinárias e jurisprudenciais retrógradas e de relativo engessamento legislativo.

A forma inquisitiva plena, como outrora o inquérito policial fora realizado, não garantia ao indivíduo qualquer segurança quanto à sua possibilidade de defesa e integridade de seus direitos, tendo em vista a posição de objeto de investigação que ocupava. Neste modelo, as provas produzidas na fase extrajudicial estavam fadadas a perder força durante a instrução criminal jurisdicional, pois não observavam adequadamente as garantias decorrentes do devido processo penal.

Todavia, ainda no atual modelo de Justiça Criminal, após a denúncia ou queixa-crime levada a cabo pelo órgão acusador, grande parte do conjunto probatório é necessariamente jurisdicionalizado, ou seja, renovado sob o crivo do contraditório e da ampla defesa em sede judicial, tudo porque ainda tem persistido a cultura de se deixar de observar tais garantias processuais fundamentais no procedimento de investigação criminal, mesmo diante da atual realidade constitucional.

Trata-se de um verdadeiro desserviço à efetividade da jurisdição penal. A envergadura desse sistema deve estar estruturada na celeridade e segurança jurídica dos atos processuais, com o fito de que o indivíduo submetido à persecução penal e a sociedade possam ter uma resposta rápida e eficiente da Justiça Penal, mas com a certeza de ver garantidos seus direitos fundamentais.

Joaquim Canuto Mendes de Almeida afirma que "a função preparatória da instrução preliminar se determina pela necessidade de produção, antes e fora da audiência, de provas dificilmente realizáveis no tempo e no local de concentração do processo". Essa "função preventiva decorre da necessidade de fundamentar um juízo de acusação, isto é, um julgamento prévio dos elementos acusatórios, quer para a garantia da inocência contra a leviandade e a calúnia, quer para garantia do organismo jurisdicional contra os dispêndios inúteis de tempo e de trabalho".[1]

A concretização desse objetivo passa, necessariamente, por uma mudança de consciência jurídica, que possibilite enxergar o inquérito policial como instrumento processual penal legítimo à produção de provas definitivas e aptas a desvendar a verdade, garantindo, assim, que seja produzido com observância dos princípios processuais penais constitucionais, de forma célere e segura, adequando a primeira fase da persecução penal aos objetivos maiores do Estado Democrático de Direito.

Hoje o inquérito policial é disciplinado pelo Código de Processo Penal vigente desde 1941, o qual dispõe ser a Polícia Judiciária o órgão encarregado de sua produção e sua instrução dirigida pela autoridade policial, com a finalidade de apurar as circunstâncias em que se desenvolveu a infração penal, colhendo provas de sua materialidade e autoria.[2]

A opção do legislador pela manutenção do inquérito policial como principal instrumento voltado à apuração das infrações penais no Brasil restou

---

1 ALMEIDA, Joaquim Canuto Mendes de. *Princípios fundamentais do processo penal*. São Paulo: Revista dos Tribunais, 1973, p. 30.

2 Cf. Código de Processo Penal, artigo 4, *caput*.

bem clara na exposição de motivos do Código de Processo Penal[3], onde foram destacadas as características geopolíticas marcantes de nosso país e que até hoje fundamentam a permanência desse procedimento como principal meio de formalização das provas produzidas na investigação criminal.

Todavia, com o advento da Constituição Federal de 1988, alguns dispositivos do vigente Código de Processo Penal foram revogados hierarquicamente pelas normas-princípio consagradas no texto da Carta Maior, visto a incompatibilidade dessas regras com o conteúdo valorativo dos princípios constitucionais fundamentais, o que as tornou inválidas.

No contexto dessas revogações, pode-se destacar, como exemplo, o afastamento, já em 1989, com a entrada em vigor da nova ordem constitucional, do chamado procedimento *judicialiforme*, previsto originariamente nos artigos 531 a 540 do Código de Processo Penal.

O referido procedimento permitia o início da ação penal pública por Portaria baixada pela autoridade policial ou judicial, nos casos de prática de contravenções penais, lesões corporais e homicídios culposos de autoria conhecida, podendo a primeira autoridade, quando tomada a iniciativa nas

---

[3] "Foi mantido o inquérito policial como processo preliminar ou preparatório da ação penal, guardadas as suas características atuais. O ponderado exame da realidade brasileira, que não é apenas a dos centros urbanos, senão também a dos remotos distritos das comarcas do interior, desaconselha o repúdio do sistema vigente. O preconizado juízo de instrução, que importaria limitar a função da autoridade policial a prender criminosos, averiguar a materialidade dos crimes e indicar testemunhas, só é praticável sob a condição de que as distâncias dentro do seu território de jurisdição sejam fácil e rapidamente superáveis. Para atuar proficuamente em comarcas extensas, e posto que deva ser excluída a hipótese de criação de juizados de instrução em cada sede do distrito, seria preciso que o juiz instrutor possuísse o dom da ubiquidade. De outro modo, não se compreende como poderia presidir a todos os processos nos pontos diversos da sua zona de jurisdição, a grande distância uns dos outros e da sede da comarca, demandando, muitas vezes, com os morosos meios de condução ainda praticados na maior parte do nosso hinterland, vários dias de viagem, seria imprescindível, na prática, a quebra do sistema: nas capitais e nas sedes de comarca em geral, a imediata intervenção do juiz instrutor, ou a instrução única; nos distritos longínquos, a continuação do sistema atual. Não cabe, aqui, discutir as proclamadas vantagens do juízo de instrução. Preliminarmente, a sua adoção entre nós, na atualidade, seria incompatível com o critério de unidade da lei processual. Mesmo, porém, abstraída essa consideração, há em favor do inquérito policial, como instrução provisória antecedendo a propositura da ação penal, um argumento dificilmente contestável: é ele uma garantia contra apressados e errôneos juízos, formados quando ainda persiste a trepidação moral causada pelo crime ou antes que seja possível uma exata visão de conjunto dos fatos, nas suas circunstâncias objetivas e subjetivas. Por mais perspicaz e circunspecta, a autoridade que dirige a investigação inicial, quando ainda perdura o alarma provocado pelo crime, está sujeita a equívocos ou falsos juízos a priori, ou a sugestões tendenciosas. Não raro, é preciso voltar atrás, refazer tudo, para que a investigação se oriente no rumo certo, até então despercebido. Por que, então, abolirse o inquérito preliminar ou instrução provisória, expondose a justiça criminal aos azares do detetivismo, às marchas e contramarchas de uma instrução imediata e única? Pode ser mais expedito o sistema de unidade de instrução, mas o nosso sistema tradicional, com o inquérito preparatório, assegura uma justiça menos aleatória, mais prudente e serena."

contravenções penais, presidir parte da instrução processual até a sua conclusão, sendo o julgamento efetivado pelo magistrado. Tratava-se de uma ação penal *ex officio*.[4]

Tendo o Ministério Público passado a ocupar a posição de titular exclusivo da ação penal pública, por força do artigo 129, inciso I, da Carta da República de 1988, e delineando o texto constitucional as funções privativas dos órgãos investigador e julgador, o procedimento *judicialiforme* foi extirpado de nosso sistema jurídico, ressaltando o espírito do constituinte originário de adotar o sistema acusatório democrático no processo penal, modelo este que não permite que nenhum dos atores da Justiça Criminal acumule funções incompatíveis com a sua natureza de sujeito parcial ou imparcial da persecução penal.

Os dispositivos legais que regulavam o procedimento *judicialiforme*, apesar de inaplicáveis a partir do advento da Constituição Federal de 1988, somente foram revogados expressamente por intermédio da Lei n° 11.719/2008, que tratou da reforma dos procedimentos no Código de Processo Penal.[5]

Visto isso, verifica-se que o inquérito policial permanece sendo o procedimento mais eficaz à apuração prévia das circunstâncias delitivas, coligindo provas indicativas da materialidade e autoria de forma imparcial e isenta, a fim de subsidiar o Poder Judiciário de elementos suficientes para decidir sobre o acolhimento ou não da acusação formalizada pelo órgão do Ministério Público, além de se constituir em um importante instrumento de produção definitiva de provas que podem influenciar diretamente na convicção do Juízo Criminal.

No transcorrer das próximas linhas será destacado que, modernamente – e como resgate de sua essência –, a mais nobre missão do inquérito policial é a de evitar acusações infundadas, não permitindo a submissão do indivíduo ao gravame de figurar como réu em uma ação penal carente de justa causa.

---

[4] A já citada exposição de motivos do Código de Processo Penal traz as razões que, em 1941, foram determinantes para a adoção do procedimento *judicialiforme* no processo penal brasileiro "O projeto atende ao princípio *ne procedat judex ex officio*, que, ditado pela evolução do direito judiciário penal e já consagrado pelo novo Código Penal, reclama a completa separação entre o juiz e o órgão da acusação, devendo caber exclusivamente a este a iniciativa da ação penal. O procedimento *ex officio* só é mantido em relação às contravenções, que, dado o caráter essencialmente preventivo que assume, na espécie, a sanção penal, devem ser sujeitas a um processo particularmente célere, sob pena de frustrarse a finalidade legal. A necessidade de se abolirem, nesse caso, as delongas processuais motivou mesmo a transferência, respeitada pelo projeto de se permitir à autoridade policial, para o efeito de tal processo, excepcional função judiciária".

[5] Permanece ainda no texto do Código de Processo Penal o artigo 26, que dispõe sobre a deflagração do procedimento *judicialiforme*, mas este dispositivo também não foi recepcionado pela atual ordem constitucional, não sendo mais aplicado desde o advento da Constituição Federal de 1988.

## 5.1 MUTAÇÃO DAS CARACTERÍSTICAS DO PROCEDIMENTO

Como visto, o inquérito policial é um procedimento preliminar à ação penal, de natureza processual penal, conduzido pela Polícia Judiciária e voltado à colheita de provas da materialidade, da autoria e das circunstâncias delitivas. Serve, assim, como um filtro do sistema de Justiça Criminal, limitando e viabilizando o exercício do poder de punir do Estado dentro das balizas constitucionais e legais, evitando, com isso, acusações infundadas e violações a direitos fundamentais.

Sabe-se que para possibilitar e condicionar o exercício do poder-dever de punir em matéria penal dentro dos parâmetros constitucionais, necessário se faz a observância irrestrita das garantias processuais penais fundamentais em todas as fases da persecução penal, dentre elas a garantia do devido processo penal e os consectários da ampla defesa e do contraditório, sem as quais ao Estado não é permitido interferir nas liberdades individuais.

Diante dessa premissa, derivada da vigente ordem constitucional, que promoveu a constitucionalização do processo penal e a *processualização do procedimento*, o inquérito policial não pode mais ser classificado como um procedimento administrativo, inquisitivo e sigiloso, meramente informativo e dispensável.

Hoje o procedimento investigatório está submetido às normas-princípio constitucionais processuais e é regulado por leis processuais penais, constituindo-se em um verdadeiro instrumento jurídico de garantias, apto a produzir provas legítimas que podem fundamentar uma acusação e a respectiva defesa contraposta, a instauração do processo-crime e até mesmo o juízo absolutório ou condenatório de alguém.

### *5.1.1 Processualidade*

Em decorrência dessa perspectiva relacionada à natureza jurídica processual penal do inquérito policial, restam abandonadas as posições doutrinárias que reduziam as suas características a um superficial formalismo, classificando-o como um procedimento genuinamente administrativo e informativo.

Exemplo dessa posição ultrapassada e limitadora da real essência do procedimento de investigação criminal, encontra-se nos escritos de Fernando da Costa Tourinho Filho, para quem "o inquérito policial é peça meramente informativa. Nele se apuram a infração penal com todas as suas circunstâncias e a respectiva autoria. Tais informações têm por finalidade permitir que o titular da ação penal, seja o Ministério Público, seja o ofendido, possa exercer o *jus persequendi in judicio*, isto é, possa iniciar a ação penal".[6]

Julio Fabbrini Mirabete, por sua vez, seguindo a mesma linha conservadora de Fernando da Costa Tourinho Filho, conceitua o inquérito policial como "todo procedimento policial destinado a reunir os elementos necessários à apuração da prática de uma infração penal e de sua autoria".[7]

Não obstante o posicionamento dos respeitáveis processualistas citados, vê-se que atualmente o inquérito policial não é apenas um conjunto de diligências administrativas e não tem como destinatário final o Ministério Público, mas é sim um procedimento de natureza processual penal voltado à Justiça Criminal, carreando provas de extrema valia para o esclarecimento da verdade, almejada por todos os atores processuais penais e não apenas pelo órgão acusador.

Além disso, a investigação criminal não pode ser formalizada por intermédio de "qualquer procedimento policial", mas somente em procedimento reconhecido e regulado em lei processual penal, levado a feito pela Polícia Judiciária, instituição legitimada constitucionalmente para realizar a primeira fase da persecução penal.

### 5.1.2 Judicialidade

As atividades que decorrem do exercício do poder de polícia judiciária são essencialmente judiciais, pois instrumentalizam normas de natureza penal e processual penal, em prol da Justiça Criminal. Nesse sentido, a investigação criminal, quando levada a efeito por órgão que não compõe a estrutura do Poder Judiciário, de forma atípica e por delegação, não se transforma em atividade administrativa, visto que a judicialidade constitui-se em seu próprio substrato constitucional.

Isto posto, verifica-se que a Polícia Judiciária brasileira exerce funções de caráter judicial por outorga constitucional, apesar de estar vinculada administrativamente ao Poder Executivo, e o inquérito policial que ela produz exsurge judicial por sua natural carga processual penal.

Como fundamento do que ora se sustenta, destaca-se a Convenção Americana de Direitos Humanos de 1969, ratificada pelo Brasil, que, em seu artigo 7º, número 5, prevê a obrigatoriedade de apresentação imediata de qualquer pessoa cerceada de seu direito de ir e vir "à presença de um juiz ou

---

6 Op. cit., p. 239-240.

7 MIRABETE, Julio Fabbrini. *Processo Penal*. 15ª ed. São Paulo: Atlas, 2003, p. 80.

outra autoridade autorizada por lei a exercer funções judiciais"[8], no caso do sistema jurídico brasileiro, funções estas atribuídas constitucional e legalmente ao delegado de polícia[9] e formalizadas, como regra, no procedimento de inquérito policial.

O Conselho Nacional de Justiça, em parceria com o Ministério da Justiça e os Tribunais Federais e de Justiça dos Estados, implantou o denominado "Projeto Audiência de Custódia", para garantir a apresentação de presos em flagrante delito, no prazo máximo de 24 horas, ao Juízo Criminal, incumbido este de analisar a legalidade da prisão e a necessidade da custódia cautelar, decidindo pelo seu relaxamento em casos de ilegalidade, concedendo a liberdade provisória com ou sem fiança, impondo medidas cautelares pessoais diversas da prisão ou, excepcionalmente, convertendo-a em prisão preventiva, quando presentes os pressupostos definidos na legislação processual penal.[10]

Essa medida, que tem como base a efetivação das garantias fundamentais consagradas no Pacto de San José da Costa Rica e na Constituição Federal brasileira, não desnatura a função constitucional do delegado de polícia de atuar como o primeiro *juiz de garantias*, ao qual é submetido o fato, no calor dos acontecimentos, para a análise jurídica dos pressupostos processuais da prisão cautelar em flagrante delito e das demais medidas de polícia judiciária.

A atuação do magistrado na denominada *audiência de custódia* constitui-se em um segundo filtro processual de garantias, já previsto no artigo 5º, inciso LXII, da Constituição Federal e disciplinado pelo artigo 306, *caput* e § 1º, do Código de Processo Penal, o que não subtrai da autoridade policial o mister jurídico de realizar o primeiro controle de constitucionalidade e legalidade, quando da decisão pela decretação ou não da prisão em flagrante delito e sua respectiva formalização em procedimento próprio, exercendo função judicial por delegação constitucional.

---

8 "Artigo 7º Direito à liberdade pessoal [...] 5. Toda pessoa presa, detida ou retida deve ser conduzida, sem demora, à presença de um juiz ou outra autoridade autorizada por lei a exercer funções judiciais e tem o direito de ser julgada em prazo razoável ou de ser posta em liberdade, sem prejuízo de que prossiga o processo. Sua liberdade pode ser condicionada a garantias que assegurem o seu comparecimento em juízo."

9 Conforme já citado em nota anterior, o Tribunal de Justiça do Estado de São Paulo, em acórdão de relatoria do Desembargador Guilherme de Souza Nucci, reconheceu que no sistema jurídico brasileiro o delegado de polícia exerce atividades judiciais delegadas (TJSP, HC nº 2016152-70.2015.8.26.0000, 16ª Câmara de Direito Criminal, Rel. Des. Guilherme de Souza Nucci, 12.05.2015).

10 Cf. Código de Processo Penal, artigos 310, incisos I a III, parágrafo único, e 312, *caput* e parágrafo único.

Nesse ponto, anda bem o Projeto de novo Código de Processo Penal, quando reconhece a possibilidade do delegado de polícia deixar de decretar a prisão em flagrante delito ao verificar a inexistência de crime em decorrência de uma excludente de antijuridicidade, ressaltando a natureza judicial de suas funções, consagrando o postulado constitucional da liberdade e zelando pela efetivação do princípio da dignidade humana.[11]

### *5.1.3 Democraticidade*

Conforme apontado em linhas anteriores, a devida investigação criminal integra o conceito amplo de devido processo penal e este, por constituir-se em garantia fundamental do Estado Democrático de Direito, apoia-se em um modelo acusatório democrático.

Verifica-se, então, que o processo penal constitucionalizado não aceita a inquisitividade no curso da *persecutio criminis*, não admite que a atividade de investigação criminal se apoie em normas de Direito Administrativo e muito menos autoriza a formalização de atos investigatórios em procedimentos meramente informativos.

Para Aury Lopes Júnior, "o processo penal de inspiração democrática e constitucional tem apenas um princípio unificador: a democraticidade. Um sistema não pode ser inquisitório porque substancialmente inconstitucional (como o são diversos dispositivos do CPP); tampouco pode ser misto, pois admitiríamos que ao menos metade dele é inconstitucional... Pode ser acusatório, por elementar, pois conforme a Constituição. Mas o problema é: isso basta? E, novamente: o que se entende por acusatório? Por isso, mais do que acusatório, deve ser democrático, deve ser um instrumento de garantia da democracia".[12]

O processo penal brasileiro, portanto, é acusatório e democrático na sua essência e esta característica se reflete em todas as fases da persecução penal, inclusive na investigação criminal. Essa realidade constitucional hoje vivenciada não permite mais sustentar a inquisitividade do inquérito policial, muito menos a admissão de qualquer outro procedimento inquisitivo no vigente sistema jurídico.

A nomenclatura herdada pelo inquérito remonta às antigas ordenações portuguesas que o originaram, mas hoje o nome que ostenta não condiz com

---

11 "Art. 522. [...] § 6º O delegado de polícia, vislumbrando a presença de qualquer causa excludente da ilicitude, poderá, fundamentadamente, deixar de efetuar a prisão, sem prejuízo da adoção das diligências investigatórias cabíveis."

12 LOPES JÚNIOR, Aury. *Direito...*, p. 80.

a sua realidade jurídica, pois se trata de um instrumento processual penal de cunho democrático, em que se deve garantir a ampla defesa e o contraditório mitigado, além das demais garantias processuais.

O inquérito policial, por conseguinte, deve permitir a participação democrática dos atores da persecução penal interessados na produção legítima de provas na instrução preliminar, em um cenário de contraditório possível e consentâneo com as normas processuais penais que instrumentalizam a garantia constitucional da devida investigação criminal.

### *5.1.4 Sigilosidade*

O artigo 20 do Código de Processo Penal prevê que o delegado de polícia imprimirá o sigilo necessário ao inquérito policial, sigilo este que, por caracterizar-se exceção à regra de publicidade prevista no artigo 5º, inciso LX, da Constituição Federal, só se justifica na atual sistemática constitucional democrática para garantia da intimidade e do interesse social.[13]

O inquérito policial, portanto, revela-se também essencialmente sigiloso, mas não porque é inquisitivo e sim porque a restrição à sua publicidade se faz necessária para resguardar a imagem das pessoas envolvidas na investigação criminal, preservar a presunção de inocência até o trânsito em julgado da sentença condenatória e levar a bom termo a busca da verdade.

Fauzi Hassan Choukr, sobre o tormentoso tema da exploração midiática da investigação criminal e seus efeitos deletérios, ressalta "o padrão inglês de tratamento, onde a imprensa necessariamente está distante da investigação, impossibilitada de criar contra o suspeito todo um clima de prejulgamento, respeitando o seu direito à intimidade e tratando-o como sujeito de direitos e não como objeto de investigação".[14]

O Projeto de novo Código de Processo Penal apresenta avanço nessa questão, ao dispor no parágrafo único do artigo 10 que "a autoridade diligenciará para que as pessoas referidas no *caput* deste artigo não sejam submetidas à exposição dos meios de comunicação".

Já o vigente Código de Processo Penal, como forma de preservar a imagem das pessoas investigadas, passou a prever, no parágrafo único, de seu artigo 20, com a nova redação dada pela Lei nº 12.681/2012, que "nos atestados

---

[13] O artigo 10 do Projeto de novo Código de Processo Penal, consentâneo com os princípios e valores constitucionais, expressa que "toda investigação criminal deve assegurar o sigilo necessário à elucidação do fato e à preservação da intimidade e vida privada da vítima, das testemunhas, do investigado e de outras pessoas indiretamente envolvidas".

[14] Op. cit., p. 35.

de antecedentes que lhe forem solicitados, a autoridade policial não poderá mencionar quaisquer anotações referentes a instauração de inquérito contra os requerentes."

Não se pode, contudo, negar acesso aos autos do inquérito policial ao investigado, à sua defesa técnica, ao membro do Ministério Público e ao Juízo Natural: aos sujeitos parciais porque tem interesse em fazer valer os seus direitos de ação e de defesa e ao magistrado porque é a Justiça Penal a destinatária final do produto da investigação, cabendo ao Juízo Criminal resguardar os direitos fundamentais em jogo no processo penal.

No que diz respeito à defesa técnica, o Estatuto da Ordem dos Advogados do Brasil (Lei nº 8.906/1994), em seu artigo 7º, inciso XIV, garante ao advogado o acesso aos autos do inquérito policial, prerrogativa esta extensiva aos defensores públicos e reforçada pelo entendimento jurisprudencial consolidado na Súmula Vinculante 14, do Supremo Tribunal Federal.[15]

Importante inovação legislativa, atinente à participação defesa na investigação criminal, adveio com a promulgação da Lei nº 13.245, de 12 de janeiro de 2016, que promoveu alterações significativas no Estatuto da Ordem dos Advogados do Brasil, positivando prerrogativas funcionais sedimentadas na jurisprudência pátria e decorrentes de nosso atual modelo de processo penal constitucional democrático, o que será abordado mais adiante, em tópico relacionado à atuação da defesa no inquérito policial.

O Ministério Público, por seu turno, dispõe de acesso irrestrito aos autos do inquérito policial, pois possui a atribuição constitucional de realizar o controle externo da atividade de polícia judiciária, controle este que tem por objetivo maior resguardar o exercício do direito de punir do Estado por intermédio da futura ação penal.

Por outro lado, o magistrado também exerce o controle externo das atividades de polícia judiciária, visto que a investigação criminal deságua naturalmente no Juízo Penal. Por conta disso, o *juiz natural* tem acesso irrestrito aos autos do inquérito policial e, durante o seu trâmite, exerce a nobre função de *juiz de garantias*.

---

[15] Súmula Vinculante 14: "É direito do defensor, no interesse do representado, ter acesso amplo aos elementos de prova que, já documentados em procedimento investigatório realizado por órgão com competência de polícia judiciária, digam respeito ao exercício do direito de defesa". Esse entendimento jurisprudencial tende a ser positivado pelo Projeto de novo Código de Processo Penal: "Art. 11. É garantido ao investigado e ao seu defensor acesso a todo material já produzido na investigação criminal, salvo no que concerne, estritamente, às diligências em andamento. Parágrafo único. O acesso a que faz referência o *caput* deste artigo compreende consulta ampla, apontamentos e reprodução por fotocópia ou outros meios técnicos compatíveis com a natureza do material".

### 5.1.5 Imprescindibilidade

O inquérito policial também não é caracteristicamente dispensável, como se costuma sustentar. O Código de Processo Penal dispõe que esse procedimento será iniciado de ofício pela autoridade policial, ou quando requisitado pelo órgão judicial ou ministerial ou, ainda, mediante requerimento apresentado pela vítima ou seu representante legal.[16]

A referida disposição legal, interpretada à luz das normas-princípio constitucionais, traduz um preceito mandamental ao expressar que o "inquérito policial será iniciado", impondo, assim, um dever à Polícia Judiciária de deflagrar o procedimento investigatório no momento em que o delegado de polícia tomar conhecimento, por qualquer meio, de um fato supostamente criminoso e da existência de indícios mínimos de sua possível autoria.

Essa regra decorre da garantia de acesso à Justiça Criminal, extensiva também à fase extrajudicial da persecução, já que a devida investigação penal prévia mostra-se imprescindível à efetivação do justo processo, no momento em que possibilita a apuração da verdade sobre um fato supostamente delituoso, promovendo um filtro do sistema de persecução penal e evitando acusações infundadas.

O que parcela da doutrina processualista denomina de dispensabilidade do inquérito policial nada mais é do que a possibilidade de se realizar essa filtragem do sistema de Justiça Criminal, à exceção, por intermédio de outros elementos de prova, constitucional e legalmente produzidos. É o caso, por exemplo, das provas obtidas em investigações legais extrapoliciais e daquelas surgidas de forma incidental em regulares procedimentos de cunho não criminal, que podem excepcionalmente embasar uma acusação formal.[17]

Essas hipóteses de exceção não se confundem com a permissão para se formalizar acusações sem prévia investigação legal, simplesmente descartando o inquérito policial, sem que se apresente em juízo provas legitimamente produzidas em procedimento regulado por lei processual penal e apto a substituí-lo.

Não se trata, portanto, de dispensabilidade do inquérito policial, nem tampouco de afastamento da imprescindível devida investigação criminal preliminar, mas sim de uma exceção à regra de apuração da verdade pela Polícia Judiciária, autorizada por lei processual penal, como forma de

---

16 Cf. Código de Processo Penal, artigo 5º, incisos I e II.

17 Cf. Código de Processo Penal, artigos 12, 39, § 5º, 40, 46, § 1º.

promover celeridade à atividade persecutória, mas sem que haja prejuízo à necessária segurança jurídica que a permeia.

Por isso, essas provas eventuais apresentadas pelo órgão acusador público ou privado ao Juízo Criminal, devem possibilitar a verificação de existência de justa causa para início da ação penal, além de necessariamente se mostrarem consentâneas com os princípios constitucionais fundamentais e as leis processuais penais. Caso contrário, deverá ser promovida a instauração de inquérito policial para a legítima apuração dos fatos.

### *5.1.6 Obrigatoriedade*

Não há liberdade de escolha de realizar ou não a devida investigação legal, de formalizá-la ou não nos autos de inquérito policial ou de utilizá-la ou não para fundamentar uma acusação, pois ela é obrigatória para respaldar o início da ação penal, que só se justifica quando presentes nos autos do devido procedimento extrajudicial fortes indicativos da existência de um delito e de sua respectiva autoria.

Existe, portanto, o dever da Polícia Judiciária de promover acesso à Justiça Penal por intermédio da devida investigação legal, possibilitando que o Estado-acusação exerça o seu direito de ação, que o indigitado autor de um crime faça valer o seu direito de defesa, buscando afastar a suspeita que sobre ele recai, e que o Juízo Criminal possa desincumbir-se, com segurança, de seu múnus jurisdicional penal.

Assim também entende Cláudio José Langroiva Pereira, ao asseverar que "decorre como consequência lógica da adoção do princípio da obrigatoriedade a necessária instauração de inquérito policial, pela autoridade policial, nos crimes de ação penal pública, impossibilitando depois de instaurado, a suspensão discricionária da investigação ou seu arquivamento, e, no caso do Ministério Público, fica este obrigado a provocar a pretensão punitiva, sempre lembrando o caso específico das denominadas infrações de menor potencial ofensivo, bem como impossibilitado de dispor da ação penal intentada ou de eventual recurso interposto".[18]

Tudo isso nos leva a concluir que não há nenhum respaldo jurídico para a realização de investigações extralegais, levadas a efeito por instituições não legitimadas constitucionalmente à consecução dessa importante atividade processual penal. Tampouco há amparo para as denominadas *apurações preliminares* no âmbito da Polícia Judiciária, pois são vedados em nosso sistema jurídico instrumentos investigatórios distintos do inquérito policial

---

[18] PEREIRA, Cláudio José Langroiva. *Princípio...*, p. 11.

e de outros procedimentos previstos na legislação processual penal, que tramitem sem o acompanhamento e controle dos demais órgãos que atuam na *persecutio criminis*.

Os membros da Polícia Judiciária devem analisar o fato levado ao seu conhecimento e verificar se há indícios mínimos de que se trata de um ilícito penal e se existe algum indicativo sobre quem o tenha praticado. Nos casos em que subsista dúvida acerca da existência de infração penal, poderá a autoridade policial, no máximo, verificar direta e informalmente a viabilidade de instauração do inquérito policial ou de outro procedimento apuratório previsto em lei processual penal, mas nunca realizar investigação sem ele.

Não havendo, então, elementos suficientes a justificar a formalização da investigação criminal, devido à atipicidade do fato, à ausência de punibilidade e/ou à inviabilidade do procedimento, deve a Polícia Judiciária, por intermédio de decisão fundamentada do delegado de polícia, arquivar a suposta notícia-crime, como forma de resguardar o direito à liberdade individual.[19]

Os elementos da tipicidade, punibilidade e viabilidade constituem a denominada justa causa no processo penal. Desse modo, só existe justa causa para instauração do inquérito policial se há tipicidade do fato a ser apurado, se este fato é punível penalmente e se existe qualquer indicativo, por mais remoto que seja, do caminho a ser seguido para apuração de sua materialidade e autoria.[20]

Nesse sentido, totalmente inviável se mostra mobilizar toda estrutura da Polícia Judiciária para apurar um fato que nem ao menos em tese apresente-se

---

19 O Projeto de novo Código de Processo Penal segue nesta mesma linha, ao dispor no seu artigo 8º que "a investigação tem por objetivo a identificação das fontes de prova e será iniciada sempre que houver fundamento razoável a respeito da prática de uma infração penal".

20 A Portaria DGP nº 18/1998, do Delegado Geral de Polícia do Estado de São Paulo, encampa esse entendimento e assim dispõe: "Art. 1º A instauração de inquérito policial, quando legalmente possível, dependerá, sempre, de prévia e pertinente decisão da autoridade policial que, com essa finalidade, expedirá, em ato fundamentado, portaria na qual fará constar descrição objetiva do fato considerado ilícito, com a preliminar indicação de autoria ou da momentânea impossibilidade de apontá-la, e ainda a classificação provisória do tipo penal alusivo aos fatos, consignando, por último, as providências preliminarmente necessárias para a eficiente apuração do caso. Art. 2º A autoridade policial não instaurará inquérito quando os fatos levados à sua consideração não configurarem, manifestamente, qualquer ilícito penal. § 1º Igual procedimento adotará, em face de qualquer hipótese determinante de falta de justa causa para a deflagração da investigação criminal, devendo, em ato fundamentado, indicar as razões jurídicas e fáticas de seu convencimento. § 2º Quando a notícia do suposto ilícito penal chegar ao conhecimento da autoridade policial por meio de requerimento (art. 5º, II, Código de Processo Penal), esta, em despacho motivado, não conhecerá do pedido, se ausente descrição razoável da conduta a ensejar classificação em alguma infração penal ou indicação de elementos mínimos de informação e de prova que possibilitem o desenvolvimento de investigação. § 3º Ao conhecer do requerimento, a autoridade policial procederá na forma do disposto nos arts. 1º ou 2º, 'caput' e § 1º, no que couber".

como criminoso, em que a punibilidade já esteja extinta ou cuja autoria nem mesmo remotamente esteja indicada. Um procedimento instaurado nestas hipóteses caracterizaria coação ilegal àqueles submetidos a uma investigação criminal sem o mínimo fundamento, além de gerar o desvio de foco dos casos que apresentam real possibilidade de esclarecimento.

### *5.1.7 Indisponibilidade*

Por consequência lógica do que já foi abordado, vê-se que também incide na fase investigatória o denominado princípio da indisponibilidade, pois o inquérito policial instaurado não pode ser arquivado em sede de Polícia Judiciária[21], devendo a autoridade policial levá-lo a termo e remetê-lo a Juízo para a apreciação do magistrado e do órgão do Ministério Público, após cumprida a sua parcela de colaboração para com a promoção de acesso ao justo processo penal.

Isso porque a investigação criminal constitui-se em apenas uma das fases da persecução penal que, somada à fase judicial, completa o percurso a ser trilhado para a concretização do devido processo penal. Portanto, como dito, o inquérito policial interessa primordialmente à Justiça Penal e não apenas à Polícia Judiciária, ao Ministério Público, à Defesa ou aos órgãos do Poder Judiciário, o que o torna indisponível.

Reforçando essa característica, o Projeto de novo Código de Processo Penal mantém a regra de arquivamento dos autos do inquérito policial somente por decisão judicial, após requerimento do órgão do Ministério Público, além de definir que, "arquivado o inquérito policial, o juiz das garantias comunicará a sua decisão à vítima, ao investigado e ao delegado de polícia", consagrando o sistema de controle democrático entre os sujeitos que atuam na Justiça Criminal.[22]

### *5.1.8 Discricionariedade*

É importante frisar, ainda, que a marcha procedimental do inquérito policial se revela discricionária, pois o delegado de polícia, na presidência da investigação criminal, é livre para decidir juridicamente sobre as medidas convenientes e oportunas a serem adotadas para apuração do ilícito penal e sua respectiva autoria, valendo-se do arcabouço de normas que compõe o sistema jurídico.

---

21 O Código de Processo Penal, em seu artigo 17, é expresso no sentido de que o delegado de polícia não poderá determinar o arquivamento dos autos do inquérito policial.

22 Cf. Projeto de novo Código de Processo Penal, artigos 38, *caput* e parágrafo único, e 39.

Discricionariedade, contudo, não se confunde com liberdade absoluta, arbitrariedade ou abuso, é na verdade independência de atuação de uma autoridade pública dentro dos limites que lhe são impostos pelo Direito.

Portanto, tomando conhecimento de um fato supostamente delituoso, deve a autoridade policial formar livremente a sua convicção jurídica, fundamentando-a de modo a demonstrar que se trata de um ilícito penal, que é caso de adoção de alguma providência de polícia judiciária e que determinada medida processual mostra-se mais adequada àquela situação concreta, definindo as diligências investigativas mais convenientes para o esclarecimento da verdade e o momento procedimental mais oportuno para realizá-las.

### *5.1.9 Razoabilidade*

O procedimento de investigação criminal deve pautar-se em critérios de razoabilidade, de forma a legitimar apenas intervenções mínimas, necessárias, adequadas e proporcionais nas liberdades públicas.

Em decorrência disso, a instauração de inquérito policial, ou de qualquer outro procedimento investigatório, deve decorrer da avaliação jurídica sobre a existência de razoável fundamento para a sua deflagração[23], sendo que a prática de seus respectivos atos instrutórios e demais providências de polícia judiciária devem dirigir-se por parâmetros de necessidade e adequação.

O Projeto de novo Código de Processo Penal consagra em seu texto a obrigatoriedade de exposição de "fundamento razoável"[24], pela autoridade policial, para a deflagração da investigação criminal, o que deve ser demonstrado expressamente na portaria inaugural do procedimento.

Reforçando essa garantia processual, no sentido de viabilizar o início legítimo da persecução penal, o mesmo Projeto dispõe que "o delegado de polícia, ao tomar conhecimento da prática da infração penal, e desde que haja fundamento razoável, instaurará imediatamente o inquérito policial".[25]

Por conseguinte, no que tange à privação da liberdade ambulatória durante a fase investigatória, ou quando da consecução das demais atividades de polícia judiciária, destaca-se a figura do delegado de polícia como

---

[23] A elaboração de boletim de ocorrência, por tratar-se de um documento administrativo *interna corporis*, voltado a registrar a notícia-crime no âmbito da Polícia Judiciária para a futura adoção de eventuais providências processuais, só deve ocorrer nos casos em que o fato relatado caracterize, ao menos em tese, uma infração penal.

[24] "Art. 8º. A investigação criminal tem por objetivo a identificação das fontes de prova e será iniciada sempre que houver fundamento razoável a respeito da prática de uma infração penal."

[25] Cf. Projeto de novo Código de Processo Penal, artigo 22.

"primeiro garantidor da legalidade e da justiça"[26], pois somente decidirá pela prisão cautelar em flagrante delito, concederá a liberdade provisória com fiança, determinará o cumprimento de mandado judicial de prisão ou imporá o recolhimento do condenado capturado ao cárcere quando presentes os pressupostos legais e constitucionais para tanto, ponderando as circunstâncias fáticas e tendo por base o princípio da proporcionalidade.

Os artigos 302 e 303 do vigente Código de Processo Penal preveem as hipóteses flagranciais, vinculando a atuação do delegado de polícia à determinação da prisão em flagrante somente nos casos estritamente previstos em lei processual penal, impondo-lhe uma análise jurídica dos pressupostos que fundamentam as prisões cautelares, quais sejam: prova da materialidade e indícios de autoria (*fumus comissi delicti*); e o risco de se manter em liberdade o indigitado autor de um crime (*periculum in libertatis*).

Por isso, existe a obrigatoriedade de apresentação imediata do capturado à autoridade policial, para que esta analise juridicamente a legalidade, a necessidade e a adequação (proporcionalidade/razoabilidade) da medida constritiva de liberdade, tutelando os direitos individuais do suspeito, acusado, réu ou condenado que lhe foi apresentado para eventual recolhimento ao cárcere.

Revela-se como materialmente inconstitucional, portanto, a proposta trazida pelo Projeto de novo Código de Processo Penal, em que se passaria a permitir a prisão em flagrante em crimes de ação penal pública condicionada à representação sem que fosse suprida esta condição de procedibilidade[27], o que hoje configura obstáculo intransponível à adoção de qualquer medida processual penal na fase extrajudicial.

A prisão em flagrante delito, como medida cautelar processual penal que é, deve buscar, basicamente, assegurar o direito de acesso ao justo processo, evitando obstáculos ao regular curso da persecução penal, mas intervindo mínima e excepcionalmente no direito à liberdade individual.

Por isso, não havendo perspectiva da existência de futuro procedimento investigatório, devido à negativa do ofendido de representar contra o suspeito de autoria do fato supostamente criminoso, para o seu processamento, soaria desarrazoado e inconstitucional permitir que alguém fosse preso

---

26 Frase de autoria do Ministro Marco Aurélio Mendes de Faria Mello, do Supremo Tribunal Federal, constante do corpo do voto proferido nos autos da ação de *Habeas Corpus* nº 84548/SP (DJe nº 67 de 10.04.2015).

27 "Art. 22. O inquérito, nos crimes em que a ação pública depender de representação, não poderá sem ela ser iniciado, sem prejuízo da possibilidade de prisão em flagrante delito. Parágrafo único. No caso de prisão em flagrante delito, não havendo representação da vítima no prazo de 5 (cinco) dias, o preso será imediatamente colocado em liberdade."

cautelarmente em flagrante delito "por cinco dias", conforme proposto no referido Projeto, com base em um auto de prisão em flagrante delito que fatalmente seria arquivado por ausência de condição de procedibilidade para instauração do inquérito policial e da subsequente ação penal.[28]

Ademais, o mesmo Projeto de Código de Processo, em seu artigo 46, § 1º, define a *representação* como sendo a "autorização para início da persecução penal", o que revela a incoerência da disciplina dispensada ao tema da prisão em flagrante delito na referida iniciativa parlamentar.

Essa proposta confronta com a necessária atuação do delegado de polícia como limitador e conformador da atuação dos agentes de polícia executores da captura (agentes de polícia judiciária, agentes de polícia administrativa de segurança e, excepcionalmente, particulares nos casos de *flagrante facultativo*[29]), decretando, quando cabível, a prisão cautelar em flagrante delito, concedendo a liberdade provisória com fiança ou fazendo cessar a coação ilegal ao direito de liberdade individual.[30]

Outra nítida inconstitucionalidade constatada no texto do Projeto de novo Código de Processo Penal é aquela revelada em seu artigo 544, § 2º, que, ao disciplinar a prisão de pessoa em áreas territoriais distintas daquele do foro da culpa, passaria a permitir que a autoridade policial, à qual o detido fosse apresentado, pudesse custodiá-lo pelo prazo de vinte e quatro horas, quando presentes "fundadas razões para duvidar da legitimidade da pessoa do executor ou da legalidade do mandado que apresentar", até que restasse esclarecida a dúvida[31].

---

28 Excepcionam-se aquelas hipóteses em que a vítima se encontra internada em unidade de saúde, inconsciente e impossibilitada temporariamente de externar a sua vontade em relação ao exercício do direito de representação. Nestes casos não existe óbice, inclusive na vigente legislação processual penal, à lavratura de auto de prisão em flagrante delito e a consequente instauração de inquérito policial, sendo que o delegado de polícia deve consignar expressamente no corpo auto o impeditivo de se suprir imediatamente a condição de procedibilidade e os fundamentos de sua convicção sobre o intento do ofendido de representar contra o suposto autor do fato criminoso.

29 Denomina-se *flagrante facultativo* aquele realizado por qualquer do povo, no exercício da prerrogativa que lhe é garantida pelo artigo 301 do Código de Processo Penal, de realizar a captura de pessoa surpreendida em flagrante delito e conduzi-la à presença do delegado de polícia.

30 A disciplina legal básica das hipóteses autorizadoras da prisão em flagrante delito, de sua formalização e do arbitramento de fiança pela autoridade policial é definida pelos artigos 302 a 309 e 322 a 350, todos do Código de Processo Penal.

31 A Constituição Federal impõe em seu artigo 5º, inciso LXI, a reserva de jurisdição para a supressão cautelar da liberdade individual ambulatória, abrindo exceção apenas para a decretação de prisão em flagrante delito pela autoridade policial, com imediata comunicação ao juízo competente, excepcionalidade esta na qual não se enquadra a hipótese que pretende instituir o referido Projeto.

Essa medida levaria à ressurreição da abjeta *prisão para averiguação*, veementemente rechaçada pelo constituinte originário de 1988, devido aos abusos praticados nos antecedentes *anos de chumbo*.

Ademais, tal providência resultaria na imposição desproporcional de uma prisão cautelar processual penal fundada em motivos alheios à conduta individual do suspeito da prática do delito, que sofreria a supressão de sua liberdade em decorrência de dúvida que recairia sobre ato de terceiro e não por consequência de seu próprio comportamento.

### *5.1.10 Escrituralidade*

Por fim, ressalta-se que os atos probatórios realizados na fase extrajudicial, mesmo que orais, devem ser necessariamente documentados nos autos do inquérito policial, a fim de que sejam formalizados procedimentalmente[32].

Isso porque é necessário levar ao conhecimento do Juízo Criminal os elementos de prova indicativos da verdade apurada nos autos do procedimento, pois a autoridade policial que o preside não participa da fase judicial da persecução penal, não sendo, portanto, parte da relação jurídica estabelecida no processo-crime.

Eventualmente poderá o delegado de polícia, ou seus agentes, figurar como testemunha, na condição de auxiliar da Justiça, para esclarecer alguns pontos da investigação, mas nunca como sujeito processual da fase judicial, já que se deve preservar, de todas as formas, a necessária separação de funções entre os atores da Justiça Criminal, imposta pelo modelo constitucional-democrático de processo penal brasileiro.

Inclusive, o Projeto de Novo Código de Processo Penal reafirma a necessidade de formalização dos atos de investigação nos autos do inquérito policial, dispondo em seu artigo 30, *caput*, que "as diligências serão realizadas de forma objetiva e no menor prazo possível, sendo que as informações e depoimentos poderão ser tomados em qualquer local, cabendo à autoridade policial resumi-los nos autos com fidedignidade, se colhidos de modo informal". Também dispõe o § 1º do mesmo artigo, que "o registro do interrogatório do investigado, das declarações da vítima e dos depoimentos das testemunhas poderá ser feito por escrito ou mediante gravação de áudio ou filmagem, com o fim de obter maior fidelidade das informações prestadas".

---

32 Cf. Código de Processo Penal, artigo 9º.

## 5.2 AMPLA DEFESA E CONTRADITÓRIO MITIGADO

A Constituição Federal de 1988 declara que "aos litigantes, em processo judicial ou administrativo, e aos acusados em geral, são assegurados o contraditório e a ampla defesa, com os meios e recursos a ela inerentes".[33]

Nas Constituições brasileiras de 1891, 1934, 1937, 1946 e 1967 a garantia da defesa estava ligada ora à nota de culpa e ora à instrução criminal. Essa vinculação levava à interpretação de que a garantia era destinada apenas à fase judicial do processo penal.

Contudo, o novo tratamento dado a essa matéria pela atual Constituição Federal afastou qualquer dúvida a respeito da abrangência desse direto fundamental, revelando que a garantia de defesa se estende a todos os procedimentos que, de alguma forma, traduzem interesses contrapostos e possam limitar direitos fundamentais.

Diante dessa sistemática processual penal contemporânea o investigado não pode mais ser tratado como objeto de investigação, mas sim como sujeito de direitos, titular, portanto, da prerrogativa à ampla defesa e ao contraditório e de outra série de garantias previstas constitucionalmente.

No início da investigação criminal surge a figura do suspeito, contra quem emergem frágeis indícios da prática do delito. A condição a ele atribuída decorre de um juízo de possibilidade construído pelo delegado de polícia, juízo este que pode evoluir para a probabilidade de autoria do crime, desde que apoiado nos elementos de prova colhidos durante o trâmite do inquérito policial, culminando no indiciamento.

Antonio Scarance Fernandes, ao analisar a posição do suspeito na investigação criminal, argumenta que "melhor seria que a imputação, com a consequente definição de imputado, fosse sempre formalizada em ato determinado, fixado pela lei. Como isso nem sempre acontece deve-se permitir ao investigado o direito de, quando faltar aquele ato e estiver sendo tratado como provável autor do crime, exigir a observância dos seus direitos como imputado".[34]

Desse modo, investigado em inquérito policial é aquele sobre o qual recai a suspeita da prática do ilícito penal, estando ou não formalizada essa suspeita no ato de indiciamento.[35]

---

[33] Artigo 5°, inciso LV, da Constituição Federal.

[34] FERNANDES, Antonio Scarance. *A Reação Defensiva à Imputação*. São Paulo: Revista dos Tribunais, 2002, p. 105.

[35] Nesse sentido foi redigido o artigo 9º do Projeto de novo Código de Processo Penal: "Art. 9º Para todos os efeitos legais, caracteriza-se a condição jurídica de 'investigado' a partir do momento em

Na linha desse pensamento, pouco importa se o verdadeiro suspeito da prática de um crime foi instado pela autoridade policial a participar de determinado ato procedimental na condição de testemunha, simplesmente para prestar esclarecimentos ou, ainda, para ser interrogado como indiciado.

Independentemente da posição ocupada pelo indivíduo na investigação, recaindo sobre ele a suspeita, mesmo que velada, deverão ser resguardados os seus direitos e garantias fundamentais previstos constitucionalmente, como a ampla defesa e o contraditório mitigado, pois a simples suspeita, por si só, revela a possibilidade, mesmo que remota, de formalização de uma futura acusação e de eventual condenação.

Nesse ponto, destaca-se ainda o escólio de Antonio Scarance Fernandes, para quem "a falta de indiciamento, contudo, não representa para a pessoa que está sendo inquirida como testemunha; pode a autoridade deixar de realizar o indiciamento formal a fim de impedir o suspeito de exercitar os direitos reservados ao indiciado, mas, na realidade, atribui à pessoa a prática da infração, como se constata pela própria maneira como a autoridade conduz a investigação e ela é tratada. Neste caso, a pessoa tem o direito de requerer que seja ouvida como indiciada, podendo utilizar, por exemplo, o direito ao silêncio".[36]

A ampla defesa, por compor a garantia constitucional do devido processo legal, não é vista hoje somente como um direito subjetivo, mas sim como uma garantia individual do investigado ou acusado, de um lado, e garantia objetiva ao justo processo, de outro, em prol do interesse público.[37]

Apesar de figurarem no mesmo imperativo constitucional, a doutrina apresenta posições divergentes sobre a relação entre a ampla defesa e o contraditório.

José Afonso da Silva defende que o direito de defesa deriva do contraditório, pois este último garante o primeiro[38]. Isto porque, constituindo o contraditório em "informação e reação, seria por meio dele que o acusado teria a necessária ciência da acusação, podendo assim preparar a sua defesa".[39]

Por outro lado, Vicente Greco Filho afirma que "o contraditório pode ser definido como meio ou instrumento técnico para a efetivação da ampla defesa, e consiste praticamente em: poder contrariar a acusação; poder requerer

---

que é realizado o primeiro ato ou procedimento investigativo em relação à pessoa sobre a qual pesam indicações de autoria ou participação na prática de uma infração penal, independentemente de qualificação formal atribuída pela autoridade responsável pela investigação".

36 FERNANDES, Antonio Scarance. *A Reação...*, p. 125.

37 GRINOVER, Ada Pellegrini. Op. cit., p. 8.

38 Op. cit., p. 372.

39 FERNANDES, Antonio Scarance. *Processo...*, p. 254.

a produção de provas que devem, se pertinentes, obrigatoriamente ser produzidas; acompanhar a produção das provas, fazendo, no caso de testemunhas, as perguntas pertinentes que entender cabíveis; falar sempre depois da acusação; manifestar-se sempre em todos os atos e termos processuais aos quais deve estar presente; e recorrer quando inconformado".[40]

Nessa mesma linha, Rogério Lauria Tucci esclarece que da ampla defesa, como garantia constitucional, decorrem as seguintes realidades procedimentais: "a) o direito à informação (*nemo inauditus damnari potest*); b) a bilateralidade da audiência (*contraditoriedade*); c) o direito à prova legitimamente obtida ou produzida (*comprovação da inculpabilidade*)".[41]

Portanto, para Vicente Greco Filho e Rogério Lauria Tucci o contraditório insere-se dentro da ampla defesa e não o contrário, isso porque este último é a exteriorização da própria defesa.

Antonio Scarance Fernandes, por seu turno, defende que não existe primazia ou derivação entre as garantias do contraditório e da ampla defesa, que, apesar de estarem intimamente ligadas, constituem manifestações da garantia genérica do devido processo legal e se concretizam simultaneamente, a fim de dar plena eficácia à garantia maior da qual derivam.[42]

Cláudio José Langroiva Pereira explana que "a figura do contraditório supõe a oportunidade oferecida à parte de defender o direito almejado, apresentando e contrapondo-se às provas, em claro exercício do já mencionado direito à ampla defesa [...]. Incluem-se, assim, dois elementos identificadores do contraditório consubstanciados na ciência dos atos processuais e na possibilidade equilibrada de contraposição destes atos, concluindo-se que a existência da própria relação jurídica no processo é efeito da instrumentalização técnica, exigida juridicamente pela aplicação do princípio constitucional do contraditório".[43]

Conclui-se, portanto, que a todo ato de natureza processual, produzido em âmbito judicial ou não, caberá direito à parte interessada dele tomar ciência, de opor-se ou de dar-lhe a versão que lhe convenha, ou, ainda, de fornecer uma interpretação jurídica diversa, auxiliando na produção de provas e contraprovas. Sendo assim, para que se efetive o direito de defesa é imprescindível a observância da garantia do contraditório.

---

40 GRECO FILHO, Vicente. *Manual de Processo Penal*. 10ª ed. São Paulo: Saraiva, 2013, p. 79.

41 TUCCI, Rogério Lauria. *Direitos...*, p. 156.

42 FERNANDES, Antonio Scarance. *Processo...*, p. 255.

43 PEREIRA, Cláudio José Langroiva. *Princípio...*, p. 16-17.

Destarte, o paralelismo entre o direito de ação e o direito de defesa no processo penal e a natural contraposição entre acusador e acusado, impõem na fase judicial da persecução penal um contraditório pleno, efetivo e abrangente, de forma a proporcionar o equilíbrio de forças entre o membro do Ministério Público (Estado-acusação) e o defensor técnico, que exercem funções essenciais à Justiça, auxiliando na busca da verdade e na concretização do justo processo.

Há de se ressaltar, contudo, que também no inquérito policial o Ministério Público e o investigado e sua defesa técnica ocupam a posição de sujeitos parciais na relação jurídica estabelecida entre o Estado e o indivíduo, o que impõe seja garantido o contraditório durante a instrução dos autos que formalizam a investigação criminal, pois tais elementos de prova podem fundamentar o arquivamento dos autos do inquérito, o acolhimento da acusação formal ou a sua rejeição, a resposta defensiva à acusação, a absolvição sumária do réu e a sentença absolutória ou condenatória ao termo do processo-crime.[44]

Por isso, defende Rogério Lauria Tucci que "a contrariedade da investigação criminal consiste num direito fundamental do imputado, direito esse que, por ser um elemento decisivo do processo penal, não pode ser transformado, em nenhuma hipótese, em mero requisito formal; e cuja observância, por isso, se impõe, sob pena de nulidade dos atos procedimentais praticados sem a efetiva assistência do defensor técnico constituído pelo indiciado, ou público (cf., também, arts. 5º, LXXIV, e 134 da CF)".[45]

Fernando da Costa Tourinho Filho, embora se posicione expressamente contra a existência de contraditório e ampla defesa no inquérito policial, admite que "poder-se-ia, todavia, permitir que naquelas perícias que, pelo passar do tempo, não pudessem ser renovadas, a defesa tivesse a oportunidade de formular quesitos".[46]

Todavia, para fazer valer as normas-princípio processuais penais constitucionais, não basta apenas a adoção do contraditório durante a realização de perícias em sede de inquérito policial. É necessária sua extensão para os demais atos de cunho probatório que compõem o procedimento[47], pois estes, da mesma forma, podem se mostrar impossíveis de serem

---

[44] Cf. Código de Processo Penal, artigos 18, 395, inciso III, 396 e 396-A, 397, incisos I a IV e artigo 155.
[45] TUCCI, Rogério Lauria. *Direitos...*, p. 304.
[46] Op. cit., p. 248.
[47] Nesse sentido, caminha o Projeto de novo Código de Processo Penal: "Art. 3º Todo processo penal realizar-se-á sob o contraditório e a ampla defesa, garantida a efetiva manifestação do defensor técnico em todas as fases procedimentais".

renovados[48], fundamentar uma decisão judicial cautelar que venha a limitar direitos do investigado ou, até mesmo, alicerçar o decreto condenatório ou absolutório do réu da ação penal, como sói acontecer na praxe judicial.

Forçoso concluir, portanto, que o contraditório deve sim ser garantido na primeira fase da persecução penal, contudo, de forma mitigada, em sua faceta de direito à informação e à produção legítima da prova. Isso porque a investigação criminal não encerra juízo condenatório ou absolutório em relação ao investigado, mas os elementos de prova nessa fase coligidos podem influenciar na convicção do órgão julgador.

Cláudio José Langroiva Pereira sustenta a existência de uma dupla categoria de provas legítimas produzidas em sede de inquérito policial, ambas exigindo a garantia do contraditório para a sua licitude no processo penal: a primeira revelando um conjunto de provas que, por sua própria natureza de ato de investigação, estão impedidas de uma posterior produção em juízo, devendo, com base na legalidade, respeitar, quando de sua realização, o princípio do contraditório, com plena participação do investigado; a segunda diria respeito às espécies prova possíveis de serem reproduzidas judicialmente, mas que, em razão de acontecimentos posteriores à sua colheita no procedimento de investigação criminal, não podem mais ser renovadas durante a instrução do processo-crime.[49]

Contudo, em se tratando da última hipótese tratada, o referido processualista penal defende que a forma de produção dessa prova "não impediria seu aproveitamento, respeitados certos limites de valoração, desde que possibilitada em juízo uma manifestação de ambas as partes a seu respeito, onde seu reflexo documental, como no caso das perícias médicas, poderia estar revestido de publicidade suficiente a uma análise sob o crivo do contraditório".[50]

O contraditório mitigado no inquérito policial consiste, portanto, no tratamento paritário dos sujeitos parciais durante todo o trâmite do procedimento investigatório, garantindo acesso aos autos ao órgão do Ministério Público e à defesa técnica,[51] a possibilidade de requisitar e requerer diligências[52] e "o direito à prova legitimamente obtida ou produzida"[53], ou seja,

---

48 A exemplo da impossibilidade de se renovar provas orais nos casos de falecimento ou desaparecimento de testemunhas.

49 PEREIRA, Cláudio José Langroiva. *Princípio...*, p. 22.

50 Idem.

51 O já citado verbete da Súmula Vinculante 14 do Supremo Tribunal Federal respalda esse entendimento.

52 Cf. Código de Processo Penal, artigos 13, inciso II, e 17.

53 TUCCI, Rogério Lauria. *Direitos...*, p. 156.

de acompanhar efetivamente a instrução probatória preliminar, atendendo ao binômio *ciência/participação* de forma adequada às peculiaridades da investigação criminal.

Sendo assim, em todos os momentos procedimentais em que há a participação ativa do órgão acusador no inquérito policial, deve-se também possibilitar a atuação da defesa técnica, notificando-a para que tome ciência das diligências requisitadas pelo Ministério Público e acompanhe a produção probatória, caso repute conveniente. Trata-se do exercício de prerrogativas inerentes aos direitos de ação e de reação defensiva à futura acusação, que são manifestações do princípio do contraditório.

Por outro lado, o contraditório pleno em relação às provas produzidas nos autos do inquérito policial fica diferido à fase judicial da persecução penal, momento em que a acusação e a defesa, nos autos da ação penal, poderão estabelecer amplo debate dialético, declinando suas teses jurídicas e apontando os elementos probatórios que as fundamentam, no mesmo patamar de igualdade que lhes foi garantido desde a fase de investigação criminal.

Importante ressaltar que não há direito de contraditar os atos procedimentais praticados pelo delegado de polícia, pois este não é sujeito parcial da relação jurídica estabelecida no inquérito policial, atuando de forma imparcial e isenta na presidência do feito, com a finalidade precípua de elucidar a verdade e não de acusar ou defender o investigado.

Nos autos do inquérito a autoridade policial age como um verdadeiro órgão instrutor, guardadas as devidas proporções de sua atuação não jurisdicional, mantendo-se equidistante dos sujeitos parciais da *persecutio criminis*. A impossibilidade jurídica de contraditar os atos dessa autoridade, por óbvio, não afasta o exercício do controle de legalidade que recai sobre os seus atos, visto que o delegado de polícia, como agente público, deve exercer suas funções com estrita observância aos ditames do Direito.

### *5.2.1 Atuação da defesa técnica e autodefesa*

A garantia constitucional da ampla defesa abrange o direito à defesa técnica e à autodefesa, que são vertentes diversas e complementares da mesma garantia.[54]

---

[54] FERNANDES, Antonio Scarance. *Processo...*, p. 257.

O Código de Processo Penal, reafirmando essa garantia constitucional, impõe a obrigatoriedade de nomeação de defensor técnico a todo o *acusado* em processo penal.[55]

Para Antonio Scarance Fernandes, "a defesa técnica, para ser ampla como exige o texto constitucional, apresenta-se no processo como defesa necessária, indeclinável, plena e efetiva. Por outro lado, além de ser garantia, a defesa técnica é também direito e, assim, pode o acusado escolher defensor de sua confiança".[56]

Como forma de instrumentalizar o exercício do direito de defesa técnica, a Constituição Federal reconhece a Advocacia como função essencial à atividade jurisdicional do Estado e determina a criação das Defensorias Públicas, outorgando-lhes garantias funcionais indispensáveis ao desempenho de suas funções.[57]

Cláudio José Langroiva Pereira enfatiza que "a indeclinável função do advogado, profissional devidamente habilitado com capacidade postulatória, em contraposição ao Ministério Público, a todo o momento deve ser lembrada como forma de igualdade processual e garantia de ampla defesa, e contraditório, efetivos, seja de nomeação ou constituição, seja na forma de autodefesa".[58]

A defesa técnica exerce papel de extrema relevância na investigação criminal, tutelando os direitos fundamentais do investigado durante toda a primeira fase da persecução penal. Essa atuação não se restringe, portanto, à fase judicial, mas se estende também ao inquérito policial e é irrenunciável quando imposta por lei processual penal.

Diante do imperativo constitucional de garantia do contraditório e da ampla defesa e das previsões contidas nos artigos 14 e 159, § 3º, do Código de Processo Penal, não se sustenta mais qualquer tentativa de impedir a atuação da defesa técnica no inquérito policial.

André Boiani Azevedo e Édson Luís Baldan destacam que esse entendimento encontra coro, inclusive, na Corte Suprema Alemã, que já manifestou exercer o advogado uma "profissão de confiança ligada ao Estado, que lhe

---

55 O artigo 261 do Código de Processo Penal é complementado pelos artigos 263 e 265 do mesmo diploma legal, que impõem a nomeação obrigatória de defensor dativo no caso de ausência de efensor constituído e a irrenunciabilidade do múnus defensivo, tudo sob pena de nulidade do processo (CPP, art. 564, inc. III, "c").

56 FERNANDES, Antonio Scarance. *Processo...*, p. 257.

57 Cf. Constituição Federal, artigo 133 e 134, §§ 1º e 2º.

58 PEREIRA, Cláudio José Langroiva. *Princípio...*, p. 14.

outorga uma posição similar à dos funcionários obrigados quanto à verdade e à justiça".[59]

Esses mesmos autores esclarecem que "igualmente, entre nós, restou assentado constitucionalmente ser o Advogado imprescindível à administração da Justiça, a qual, na figuração de instrumento de aplicação da pena criminal, também vem exercida pelos órgãos estatais incumbidos (ou auto-investidos mesmo extralegalmente) na função de polícia judiciária, inexorável o seguinte desenlace silogístico: a ação do defensor é, também absolutamente indispensável no estágio de investigação pré-judicial da infração penal".[60]

Rogério Lauria Tucci também é enfático ao asseverar que "é imprescindível à consecução da *garantia de acesso à Justiça Criminal* a outorga, pelo Estado, de *defensoria técnica*, especialmente aos acusados em geral. E isso, quer já esteja formalizada a acusação, quer a pessoa necessitada sofra, de logo, os efeitos da iniciação de persecução penal em que, de algum modo, lhe seja imputada a autoria de fato penalmente relevante. Trata-se, aliás, de orientação que se universaliza, como demonstram os mais autorizados analistas do tema, ao enfatizar que a efetividade dessa *garantia* deve ocorrer desde a fase pré-processual, de natureza investigatória, em que coligidas as provas a serem utilizadas no *iudicium* sobre a inocência ou a culpabilidade do indigitado autor da infração penal, subsequentemente acusado".[61]

Nessa linha de interpretação, paradigmática foi a redação dada ao artigo 306 do Código de Processo Penal pela Lei nº 12.403/2011, em que o legislador ordinário fez inserir no § 1º do referido dispositivo a obrigatoriedade de encaminhamento de cópia integral do Auto de Prisão em Flagrante Delito à Defensoria Pública, nos casos em que o autuado não dispuser de defensor próprio.

Além disso, conforme destacado em linhas anteriores, foi promulgada a Lei nº 13.245/2016, que alterou artigo 7º da Lei nº 8.906/1994 (Estatuto da Ordem dos Advogados do Brasil), reconhecendo a prerrogativa do defensor técnico de atuar obrigatoriamente em qualquer procedimento que formalize uma investigação criminal, sob pena de nulidade, medida de extrema importância para a concretização da garantia do devido processo penal e seus consectários.[62]

---

59 Op. cit., p. 7.

60 Idem.

61 TUCCI, Rogério Lauria. *Direitos...*, p. 96.

62 "Art. 7º [...] XXI – assistir a seus clientes investigados durante a apuração de infrações, sob pena de nulidade absoluta do respectivo interrogatório ou depoimento e, subsequentemente, de todos os

Além disso, a referida inovação legislativa garante ao defensor acesso irrestrito aos autos de prisão em flagrante delito e demais procedimentos investigatórios, mesmo que não disponha de procuração para representar quaisquer dos envolvidos[63], prerrogativa esta que se busca reforçar no Projeto do novo Código de Processo Penal, o qual dispõe, em seu artigo 61, que "o defensor poderá ingressar no processo ou atuar na fase de investigação ainda que sem instrumento de mandato, caso em que atuará sob a responsabilidade de seu grau".

Ressalte-se que a Lei nº 13.245/2016 também incluiu o § 10 no artigo 7º da Lei nº 8.906/1994, exigindo formal instrumento de mandato para acesso do defensor aos procedimentos investigatórios de cunho sigiloso[64], entendidos estes como sendo os feitos em que a autoridade policial ou judicial, ou outro agente público que detenha atribuição constitucional e legal para presidi-lo, tenha decretado o sigilo absoluto dos autos, em decisão fundamentada, que encontre motivação na preservação dos direitos individuais das partes envolvidas ou no interesse público ao bom termo das diligências.

Essas medidas ressaltam a posição que o investigado ocupa de titular de direitos na primeira fase da persecução penal, podendo exercer sua ampla defesa no inquérito policial, inclusive contando com a assistência técnico-jurídica de um advogado público ou privado.

Contudo, não se mostra suficiente para fazer valer a referida garantia apenas a nomeação de defensor técnico nos atos do inquérito policial ou outro procedimento investigatório da mesma natureza. A atuação deste deve ser efetiva, no sentido de revelar o seu empenho na assistência do investigado.[65]

Mais uma vez recorre-se aos escritos de Rogério Lauria Tucci, para reforçar que a atuação da defesa técnica no inquérito policial não se resume à assistência de advogado ao preso ou indiciado, durante o transcorrer da *informatio delicti*, nem tampouco significa assistência passiva do defensor,

---

elementos investigatórios e probatórios dele decorrentes ou derivados, direta ou indiretamente, podendo, inclusive, no curso da respectiva apuração: a) apresentar razões e quesitos; b) (VETADO)."

63 "Art. 7º [...] XIV – examinar, em qualquer instituição responsável por conduzir investigação, mesmo sem procuração, autos de flagrante e de investigações de qualquer natureza, findos ou em andamento, ainda que conclusos à autoridade, podendo copiar peças e tomar apontamentos, em meio físico ou digital;"

64 "§ 10. Nos autos sujeitos a sigilo, deve o advogado apresentar procuração para o exercício dos direitos de que trata o inciso XIV".

65 O Código de Processo Penal, em seu artigo 261, parágrafo único, com nova redação dada pela Lei nº 10.792/2003, deixa clara a preocupação do legislador em fazer valer a garantia constitucional de assistência jurídica, ao determinar que o defensor público ou dativo deve exercer a defesa técnica sempre de forma fundamentada.

colocando-se na condição "de mero espectador dos atos praticados pela autoridade policial e seus agentes, mas, sim, *assistência técnica*, na acepção jurídica do termo, qual seja a de *atuação profissional de advogado*".[66]

A necessidade de uma atuação proativa do defensor no curso da investigação criminal é incontestável, pois tem a missão de zelar pelos direitos fundamentais do investigado e auxiliar no esclarecimento da verdade, agindo, assim, como verdadeiro órgão essencial à função jurisdicional do Estado.

Antonio Scarance Fernandes sustenta que, restando incontroversa a necessidade de atuação da defesa técnica no inquérito policial, a problemática estaria em delimitar o âmbito dessa participação, visto que entende não se tratar "de participação em contraditório, mas a que proporciona ao advogado o direito à ampla ciência das atividades de investigação desenvolvidas, podendo efetuar requerimentos e usar de todos os mecanismos do sistema em favor do investigado: pedido de relaxamento de prisão em flagrante, pedido de liberdade provisória, impetração de habeas corpus".[67]

Todavia, é de se discordar do posicionamento desse respeitável processualista, pois forçoso concluir que, sendo facultado ao defensor requerer diligências, acompanhar a execução dos atos de investigação que não estejam submetidos ao sigilo necessário e indispensável, ter acesso aos autos para ciência dos fatos ali apurados e tomar conhecimento dos elementos de prova colhidos, resta caracterizado o exercício do contraditório na investigação criminal, não em seu aspecto pleno, mas mitigado às peculiaridades da fase extrajudicial da persecução penal.

Inclusive, desse direito ao contraditório mitigado, que se constitui em elemento essencial ao exercício da ampla defesa, decorre, conforme já destacado, o direito à prova legitimamente produzida, garantia esta que legitima a participação efetiva do órgão defensor na instrução probatória do inquérito policial.

Propondo um grande avanço legislativo nesse tema, o Projeto de novo Código de Processo Penal prevê a atuação direta da defesa na produção probatória em sede de inquérito policial, permitindo a identificação e a coleta de provas pelo investigado, por intermédio de seu advogado ou de mandatário autorizado, e a possibilidade de que estas sejam encartadas nos autos do inquérito policial, após a aferição de sua pertinência pela autoridade policial.[68]

---

[66] TUCCI, Rogério Lauria. *Direitos...*, p. 96-97.

[67] FERNANDES, Antonio Scarance. *Processo...*, p. 260.

[68] "Art. 13. É facultado ao investigado, por meio de seu advogado, de defensor público ou de outros mandatários com poderes expressos, tomar a iniciativa de identificar fontes de prova em favor de

Posto isso, verifica-se que a previsão legal hoje vigente de possibilidade de indeferimento do requerimento de diligências apresentado pelo investigado ou seu defensor técnico durante o trâmite do inquérito policial[69], não traduz uma discricionariedade absoluta do delegado de polícia, pois deve este analisar a solicitação com imparcialidade, isenção e parcimônia, indeferindo-as somente quando se mostrarem ilegais, impertinentes, protelatórias, tumultuárias ou nada puderem agregar para a apuração da verdade, sob pena de incorrer em cerceamento do direito de defesa.[70]

Outro não é o entendimento de Antonio Scarance Fernandes, para quem "o Código de Processo Penal possibilita ao indiciado o requerimento de qualquer diligência, que será realizada, ou não, a juízo da autoridade. Esta não deve admitir diligências protelatórias e desnecessárias, mas se for diligência importante não deve a autoridade policial impedir a sua realização, principalmente porque, no sistema brasileiro, não há, como na legislação italiana, direito de o próprio indiciado realizar investigações para introduzi-las nos autos".[71]

Coloca-se o delegado de polícia, portanto, em uma posição muito próxima daquela ocupada pelo magistrado no processo-crime, quando da apreciação desses requerimentos, possuindo uma liberdade balizada pelo Direito para construir um juízo de legalidade, necessidade, relevância e viabilidade da diligência solicitada, de forma a consagrar o direito de defesa e, por outro lado, também de impedir que a investigação seja prejudicada pelo abuso de direito.[72]

A autodefesa, por seu turno, é aquela exercida pelo próprio investigado nos autos do inquérito policial. Esta garantia se manifesta por intermédio do

---

sua defesa, podendo inclusive entrevistar pessoas. [...] § 5° O material produzido poderá ser juntado aos autos do inquérito, a critério da autoridade policial."

69 O vigente Código de Processo Penal dispõe em seu artigo 14 que: "O ofendido, ou seu representante legal, e o indiciado poderão requerer qualquer diligência, que será realizada, ou não, a juízo da autoridade."

70 Sobre esse tema, o Projeto de novo Código de Processo Penal dispõe: "Art. 26. A vítima, ou seu representante legal, e o investigado poderão requerer ao delegado de polícia a realização de qualquer diligência, que será efetuada, quando reconhecida a sua necessidade".

71 FERNANDES, Antonio Scarance. *A Reação...*, p. 132.

72 O Projeto de Lei da Câmara nº 78/2015, que deu origem à Lei nº 13.245/2016, utilizava o termo "requisição" para se referir ao pedido de diligências apresentado pelo defensor técnico no procedimento investigatório. Todavia, quando de sua conversão em Lei, o texto foi vetado nesse ponto, sob os seguintes fundamentos: "Da forma como redigido, o dispositivo poderia levar à interpretação equivocada de que a requisição a que faz referência seria mandatória, resultando em embaraços no âmbito de investigações e consequentes prejuízos à administração da justiça. Interpretação semelhante já foi afastada pelo Supremo Tribunal Federal – STF, em sede de Ação Direita de Inconstitucionalidade de dispositivos da própria Lei nº 8.906, de 4 de julho de 1994 – Estatuto da Advocacia e a Ordem dos Advogados do Brasil (ADI 1127/DF). Além disso, resta, de qualquer forma, assegurado o direito de petição aos Poderes Públicos em defesa de direitos ou contra ilegalidade ou abuso de poder, nos termos da alínea 'a', do inciso XXXIV, do art. 5º, da Constituição."

direito de audiência (interrogatório ou outras formas de oitiva), do direito de presença (se fazer presente nos atos procedimentais) e do direito de postular pessoalmente (requerer diligências no inquérito policial, representar contra os eventuais atos ilegais da autoridade policial e seus agentes e impetrar *habeas corpus*).

É primordialmente por intermédio do uso da palavra que o suspeito exerce o seu direito de autodefesa perante a autoridade que preside a investigação criminal[73]. Contudo, falar constitui-se em direito renunciável, já que o indigitado autor do delito pode optar por permanecer calado, sem que lhe seja imposta qualquer consequência processual, visto a garantia constitucional de presunção de inocência que lhe acorre e da qual decorre uma série de prerrogativas relacionadas ao ônus probatório, que serão abordadas a seguir.

## 5.3 REFLEXOS DA PRESUNÇÃO DE NÃO CULPABILIDADE

Em conformidade com o que foi abordado até aqui, o princípio da presunção de inocência, garantia constitucional inexpugnável, impõe o ônus da prova no processo penal ao órgão acusador, sendo vedado que se imponha ao indivíduo, pela via legal ou judicial, a obrigação de produzir provas contra si mesmo, subvertendo a garantia fundamental prevista na Carta Maior.[74]

Medidas temerárias e confrontantes com a referida presunção constitucional de não culpabilidade são aquelas adotadas hodiernamente pelo poder público, quando institui "programas de recompensas" e de "denúncias anônimas", como forma de identificar e prender supostos autores de delitos.

Essas medidas muitas vezes permitem que pessoas sejam apontadas como criminosas de forma maliciosa, por indivíduos inescrupulosos, que se motivam por sentimentos reprováveis de vingança, inveja, etc., e se veem protegidos pelo manto anonimato, gerando a submissão de inocentes aos gravames das atividades persecutórias.

Por outro lado, esses instrumentos acabam gerando uma inversão do ônus da prova que recai sobre a acusação no processo penal, dirigindo-o ao indivíduo que teve sua "cabeça colocada à prêmio" ou àquele que foi delatado anonimamente, que passa a ter de produzir prova de seu não envolvimento na prática criminosa, tendo seus direitos à personalidade violados

---

73 O Projeto de novo Código de Processo Penal busca expressar esse direito: "Art. 12. É direito do investigado ser ouvido pela autoridade competente antes que a investigação criminal seja concluída. Parágrafo único. A autoridade tomará as medidas necessárias para que seja facultado ao investigado o exercício do direito previsto no *caput* deste artigo, salvo impossibilidade devidamente justificada".

74 Cf. Constituição Federal, artigo 5°, inciso LVII.

e se vendo impossibilitado de responsabilizar aquele que, às escuras, o denunciou caluniosamente.

O Código Penal define a denunciação caluniosa e a comunicação falsa de crime ou contravenção como fatos delituosos[75], pois tais condutas ferem o bem jurídico Administração da Justiça e a sua tipificação é voltada a tutelar a garantia constitucional do devido processo penal. O anonimato das delações torna impossível a responsabilização penal pela prática desses crimes e impossibilita também a imposição de responsabilidade civil pelo dano causado à imagem das pessoas injustamente apontadas como criminosas.

Essas medidas de segurança pública utilitaristas caracterizam-se como atentatórias aos princípios e valores constitucionais do Estado Democrático de Direito e, em última análise, revelam a incapacidade do Estado de estruturar e administrar, por meios próprios, de forma eficiente e juridicamente segura, o seu aparato de investigação criminal, tendo de recorrer a expedientes paliativos, como a utilização de particulares para a realização de atividades que lhe são típicas.

Os Poderes da República têm a obrigação constitucional de estruturarem seus órgãos para a consecução de suas atividades fins, não podendo entregar-se à desídia e à ineficiência administrativas, afrontando os mandamentos constitucionais que lhes são dirigidos, sucateando as instituições que compõem o aparato de Justiça Criminal e abandonando os cidadãos à sua própria sorte.

### *5.3.1 Silêncio, confissão e delação*

A Constituição Federal expressa o direito daquele sobre o qual recai a medida cautelar de prisão em flagrante delito de permanecer calado, prerrogativa esta inerente a todos os destinatários de uma suspeita ou imputação, durante a instrução probatória provisória ou definitiva[76]. Esse direito constitui a chamada autodefesa negativa.

Calar-se, portanto, revela-se como uma prerrogativa do investigado, acusado ou réu, passando a existir o correspondente dever do órgão estatal de cientificá-lo da extensão dessa garantia, sob pena de nulidade do ato por violação do texto constitucional e também legal.[77]

---

75 Cf. Código Penal, artigos 339 e 340.

76 Cf. Constituição Federal, artigo 5°, inciso LXIII.

77 Essa garantia já se encontra expressa no vigente Código de Processo Penal, em seu artigo 186, *caput*, e parágrafo único.

Obviamente que durante a investigação criminal também deve ser respeitado o direito ao silêncio, até porque todas as normas-princípio constitucionais e disposições legais que se referem às atividades de produção probatória são aplicáveis ao inquérito policial e adaptáveis às suas peculiaridades.

Pode, então, o suspeito invocar o direito ao silêncio quando for instado a falar sobre os fatos apurados nos autos do inquérito policial e, caso decida manifestar-se, não poderá sofrer qualquer consequência jurídica negativa em decorrência do fato de ter faltado com a verdade.

Ademais, o interrogatório do indigitado autor de um delito constitui, só eventualmente, meio de prova, erigindo-se ao nível de meio de defesa, sendo perfeitamente lícito ao interrogado valer-se do direito ao silêncio em qualquer fase da *persecutio criminis*, sendo vedada a utilização de expedientes que descaracterizem a essência espontânea do direito de ser ouvido.

Na fase extrajudicial da persecução penal, assim como ocorre na fase judicial, o interrogatório do indiciado deve ocorrer após o depoimento das testemunhas e as declarações da vítima, a fim de que o primeiro tome conhecimento do conteúdo destas últimas oitivas e possa exercer, de forma plena e espontânea, o seu direito de defesa.

O único prejuízo que do silêncio pode advir ao indivíduo é o de não utilizar a faculdade de autodefesa que lhe é disponibilizada por intermédio do interrogatório. Quanto ao uso desta faculdade, o único arbítrio deve ser a sua consciência, pois a liberdade deve ser garantida em um dos momentos mais dramáticos para a vida de um ser humano e mais delicado para a tutela de sua dignidade.

Decorre, também, do princípio da presunção de inocência o direito subjetivo do investigado de não se autoincriminar, expressado na máxima latina *nemo tenetur se detegere*.

Cabe ao Estado o ônus da prova de solidez de sua imputação, não podendo impor ao suspeito da prática de um delito que atue no sentido de provar sua culpa ou que, por outro lado, prove sua inocência diante da inexistência de qualquer indício que respalde o *jus puniendi*.

Maria Elizabeth Queijo esclarece que "o princípio *nemo tenetur se detegere*, como direito fundamental, objetiva proteger o indivíduo contra excessos cometidos pelo Estado, na persecução penal, incluindo-se nele o resguardo contra violências físicas e morais, empregadas para compelir o indivíduo a cooperar na investigação e apuração de delitos, bem como contra métodos proibidos no interrogatório, sugestões e dissimulações".[78]

---

[78] QUEIJO, Maria Elizabeth. *O direito de não produzir prova contra si mesmo: o princípio nemo tenetur se detegere e suas decorrências no processo penal*. 2ª ed. São Paulo: Saraiva, 2012, p. 55.

É sabido que não existe hierarquia de provas no direito processual penal contemporâneo e que a valoração dos elementos colhidos durante toda a persecução penal deve ser realizada em conjunto.

Por isso, a confissão é considerada um meio de prova relativo, assim como todas as outras provas passíveis de produção no processo penal, pois vários podem ser os motivos que levam um indivíduo a assumir a responsabilidade criminal: lícitos ou ilícitos, espontâneos ou provocados.

Assim sendo, este meio de prova deve ser analisado também com parcimônia durante a investigação criminal, para que não se tome decisões açodadas e dissonantes dos objetivos maiores do inquérito policial, que são o resguardo de direitos fundamentais e a busca da verdade.[79]

Portanto, mesmo havendo confissão do imputado em relação à prática delitiva, podem os demais elementos de prova apontar para o sentido contrário, levando à decisão do delegado de polícia de não indiciar o suspeito no procedimento iniciado por portaria ou deixar de impor-lhe prisão cautelar no caso de suposto flagrante delito.

Por outro lado, quando o investigado da prática de uma infração penal manifesta-se nos autos do inquérito policial imputando a outrem a sua autoria delitiva, poderá ser responsabilizado criminalmente caso se apure a falsidade dessa delação. É que na batalha travada entre o direito de punir do Estado e o direito de liberdade do indivíduo, não se mostra proporcional que este último atue no sentido de incriminar terceiros, já que pode se valer da autodefesa ou do direito ao silêncio para desvencilhar-se da suspeita que sobre ele recai.

Esse mesmo entendimento prevalece caso o investigado se autoacuse falsamente, pois, na verdade, apesar de figurar no procedimento como suspeito, não é ele o verdadeiro autor de ilícito penal. Em casos como este poderá o indivíduo ser responsabilizado pela falsa comunicação de crime ou pela autoacusação falsa, pois existe o dever legal do cidadão de colaborar e de não obstruir os trabalhos da Justiça Penal.[80]

Nesse sentido, esclarece Julio Fabbrini Mirabete que "*o réu é livre para mentir porque, se o fizer, não sofrerá nenhuma sanção. Essa liberdade, porém, é concedida apenas em benefício de sua defesa, pois se ele atribui a si próprio crime inexistente ou praticado por outrem, comete o delito de auto-acusação falsa*".[81]

---

[79] O artigo 197 do Código de Processo Penal é expresso no sentido de que a confissão deve ser cotejada com outros elementos de prova, não se constituindo, isoladamente, em prova cabal de culpabilidade.

[80] Cf. Código de Processo Penal, artigos 340 e 341.

[81] Op. cit., p. 282.

Decorre, também, do mesmo direito fundamental ora tratado, a prerrogativa do investigado de se negar a atuar em atos procedimentais que exijam sua participação ativa e possam redundar em autoincriminação. Portanto, não é ele obrigado, por exemplo, a participar ativamente da reconstituição do crime, a fornecer material biológico ou gráfico para exames periciais e a submeter-se a exame de etilômetro.

Ressalte-se que o direito atribuído ao imputado de não se autoincriminar não impede que a Polícia Judiciária utilize as mais variadas técnicas de investigação, valendo-se do aparato estatal a ela destinado, para coletar os elementos indispensáveis à busca da verdade, mesmo que para isso exija a presença física do investigado.

O que se quer dizer é que o suspeito não pode se negar a comparecer perante a autoridade policial quando formalmente convocado, pois constitui obrigação legal daquele que está sendo submetido à investigação de se colocar à disposição do Estado-persecutor durante o trâmite do procedimento apuratório.

Antonio Scarance Fernandes defende posicionamento contrário, sustentando que "o direito à autodefesa é renunciável, não podendo o acusado ser obrigado a comparecer ao interrogatório ou a outros atos processuais".[82]

Não obstante esse entendimento, conclui-se que a não observância de tal sujeição pode ensejar a condução coercitiva, a responsabilização por crime de desobediência e até mesmo a decretação de prisão temporária ou preventiva do investigado, caso estas duas últimas medidas se mostrarem indispensáveis à investigação criminal ou à garantia de aplicação da lei penal e sejam propostas pela autoridade policial ao Juízo competente.

Isso porque o delegado de polícia, no regular exercício do poder de polícia judiciária, pode necessitar da presença do suspeito para submetê-lo ao reconhecimento pessoal, identificá-lo criminalmente, com a coleta de seu material datiloscópico, e interrogá-lo sobre seus dados qualificativos. Por isso, o investigado tem a obrigação de participar desses atos, que não constituem qualquer violação aos princípios constitucionais processuais e lhe são impostos pela legislação vigente.

A Lei de Combate às Organizações Criminosas trouxe uma curiosa hipótese de renúncia expressa ao aqui tratado direito de autodefesa, dispondo que o *colaborador*, nos depoimentos que prestar, poderá abdicar do direito ao silêncio e estará sujeito ao compromisso de dizer a verdade.[83]

---

82 FERNANDES, Antonio Scarance. *Processo*..., p. 265.

83 Cf. Lei nº 12.850/2013, artigo 4º, § 14.

Trata-se de hipótese em que o investigado ou acusado de participar de uma organização criminosa, pretendendo beneficiar-se do instituto da *delação premiada*, passa a testemunhar contra os demais integrantes da estrutura organizacional, revelando a atuação de cada um deles e os crimes que praticaram, passando, inclusive, pela sua autoincriminação.

Esse dispositivo revela a amplitude da garantia constitucional da presunção de inocência, que possibilita o exercício do direito ao silêncio até mesmo naquelas hipóteses em que o indivíduo estiver figurando como testemunha de fatos delituosos nos quais tenha atuado, para delatar os demais coautores e partícipes.

Nesse caso, exige-se a expressa renúncia do direito ao silêncio, o que denota que a prerrogativa de permanecer calado constitui manifestação do direito de autodefesa, dela não podendo decorrer quaisquer consequências negativas ao investigado.

Oportuno destacar, neste ponto, que não pode o instrumento legal de *barganha criminal* ser utilizado como o único ou principal meio de apuração da verdade em relação aos fatos delituosos.

Durante o trâmite do procedimento investigatório, deve a autoridade policial realizar as suas tarefas recorrendo a todos os métodos científicos e tecnológicos postos à sua disposição para esclarecimento da verdade, sendo defeso depender exclusivamente da colaboração de suspeitos da prática de crimes para iniciar a produção probatória, elucidar fatos e definir autorias, e muito menos utilizar métodos coativos para extrair confissões e delações.[84]

Sobre o tema, Guilherme de Souza Nucci observa que "o valor da colaboração premiada é relativo, pois se trata de uma declaração de interessado (investigado ou acusado) na persecução penal, que pretende auferir um benefício, prejudicando terceiros. Embora assuma a prática do crime, o objetivo não é a pura autoincriminação, mas a consecução de um prêmio. Diante disso, é inviável lastrear a condenação de alguém, baseado unicamente numa delação. É fundamental que esteja acompanhada de outras provas, nos mesmos moldes em que se considera o valor da confissão".[85]

Contudo, como forma de buscar a prova a qualquer preço, muitas vezes os atores da persecução penal requerem, e veem a sua pretensão acolhida

---

[84] O artigo 4º, § 16, da Lei nº 12.850/2013 prevê que "nenhuma sentença condenatória será proferida com fundamento apenas nas declarações de agente colaborador", o que impõe a interpretação de que nenhuma investigação poderá, da mesma forma, pautar-se prioritariamente em declarações dessa natureza.

[85] NUCCI, Guilherme de Souza. *Organização criminosa*. 1ª ed. São Paulo: Revista dos Tribunais, 2013, p. 47-48.

pela complacência judicial, a decretação de prisões temporárias ou preventivas de investigados ou acusados, com o único desiderato de coagi-los a confessar e apontar supostos comparsas, em nítido desvirtuamento do instituto da *colaboração premiada*, que pressupõe voluntariedade.

Ao analisar o texto legal, Guilherme de Souza Nucci aponta que, "quanto à voluntariedade, significa agir livre de qualquer coação física ou moral, embora não se demande espontaneidade (sinceridade ou arrependimento)".[86]

Assim sendo, coagir alguém a confessar e a delatar utilizando, de forma distorcida, instrumentos processuais penais que têm por objetivo garantir o trâmite justo do processo, como por exemplo as prisões provisórias e medidas cautelares de natureza real, caracteriza uma espécie de tortura psicológica, tão abominável quanto aqueles martírios físicos que historicamente se busca erradicar da persecução penal.

A prova obtida por esse meio nefasto de coação moral é tão ilícita quanto aquela extraída por intermédio da tortura física, não podendo fundamentar o indiciamento, a formal acusação ou o juízo condenatório de alguém, tampouco poderá gerar quaisquer efeitos em relação àquele de quem se extorquiu a confissão e a delação.

Cabe ao delegado de polícia, portanto, garantir a voluntariedade da iniciativa de colaboração do investigado para a apuração da verdade em sede de inquérito policial, propondo-lhe a adesão ao acordo de *delação premiada* livre de qualquer coação física ou moral, esclarecendo-lhe os benefícios legais que poderá experimentar em decorrência do fornecimento de informações úteis e relevantes, tudo de forma ética e comprometida com o respeito à dignidade humana.

## 5.4 INDICIAMENTO E SUAS CONSEQUÊNCIAS JURÍDICAS

O indiciamento constitui-se em um ato procedimental do inquérito policial, de competência privativa do delegado de polícia, emanado de forma juridicamente fundamentada, quando presentes prova da materialidade e indícios de autoria que possibilitem alicerçar a construção de um juízo de probabilidade, e não de mera possibilidade, de autoria de um ilícito penal.[87]

Rogério Lauria Tucci define o indiciamento como sendo "o resultado concreto da convergência de indícios que apontam determinada pessoa ou

---

86 Ibidem, p. 49.

87 PITOMBO, Sérgio Marcos de Moraes. *Inquérito Policial: novas tendências*. Belém: Cejup, 1987, p. 313.

determinadas pessoas como praticantes de fatos ou atos tidos pela legislação penal em vigor como típicos, antijurídicos e culpáveis".[88]

Constitui-se em garantia constitucional do investigado, quando passível de ser indiciado, que o seja apenas por autoridade pública que disponha de atribuição expressa para a prática deste ato, ou seja, por um delegado de polícia, visto ser este o agente político investido pelo direito pátrio do poder de presidir o inquérito policial e formalizar a suspeita que recaia sobre alguém, como decorrência lógica do princípio do órgão investigador natural.

Isso porque o ato de indiciamento constitui medida processual penal de limitação de direitos fundamentais do investigado, dele resultando a formalização de uma suspeita em relação à autoria delitiva, podendo, inclusive, gerar a imposição de medidas constritivas de natureza pessoal ou real em relação à figura do indiciado.

Guilherme de Souza Nucci afirma que o "indiciamento é ato exclusivo da autoridade policial, que forma o seu convencimento sobre a autoria do crime, elegendo, formalmente, o suspeito de sua prática. Assim, não cabe ao promotor ou ao juiz exigir, através de requisição, que alguém seja indiciado pela autoridade policial, porque seria o mesmo que demandar à força que o presidente do inquérito conclua ser aquele o autor do delito".[89]

O artigo 2°, § 6°, da Lei n° 12.830/2013 dispõe expressamente tratar-se o indiciamento de um ato privativo do delegado de polícia, deixando extreme de dúvidas a impossibilidade de se obrigar a autoridade policial a formalizar uma suspeita por requisição ou requerimento de quem quer que seja.[90]

Contudo, não pode o delegado de polícia indiciar ou deixar de indiciar alguém por simples subjetivismo, pois está submetido a limites constitucionais e parâmetros legais que o vinculam quando dessa decisão.

---

[88] TUCCI, Rogério Lauria. Indiciamento e qualificação indireta – Fase da Investigação Criminal. *Revista dos Tribunais*, n. 571, 1983, p. 292.

[89] NUCCI, Guilherme de Souza. *Manual...*, p. 119.

[90] O Tribunal de Justiça do Estado de São Paulo já havia se manifestado nesse sentido: "Com efeito, o indiciamento é ato complexo próprio do inquérito policial, cuja prática se justifica sempre que recaiam sobre a pessoa investigada fortes indícios de autoria. Indiciar significa formalizar a suspeita ante a presença de elementos indicativos da autoria do delito apurado, apontando, dessa forma, com base nos elementos que emergem da investigação criminal, aquele que pode ser considerado o principal suspeito do cometimento do delito. Trata-se, portanto, por sua própria natureza constitutiva, de ato de atribuição exclusiva daquele que conduz a investigação criminal, ou seja, da autoridade policial, e cuja realização não cabe em momento anterior à instauração ou posterior ao encerramento do procedimento investigatório, conforme entendimento já adotado por esta Colenda Câmara, embora quando da análise de questão diversa daquela que constitui o objeto do presente *writ* [...]" (TJSP, HC n° 990090628802, 16ª Câmara de Direito Criminal, Rel. Des. Almeida Toledo, DJ. 29/09/2009).

Nesse sentido, segue o escólio de Sérgio Marcos de Moraes Pitombo, para quem "não há de surgir qual ato arbitrário da autoridade, mas legítimo. Não se funda, também, o uso de poder discricionário, visto que inexiste a possibilidade legal de escolher entre indiciar ou não. A questão situa-se na legalidade do ato. O suspeito, sobre o qual se reuniu prova da autoria da infração, tem que ser indiciado. Já aquele que, contra si, possui frágeis indícios, ou outro meio de prova esgarçada, não pode ser indiciado. Mantém-se como é: suspeito. Em outras palavras, a pessoa suspeita da prática de infração penal passa a figurar como indiciada, a contar do instante em que, no inquérito policial instaurado, se lhe verificou a probabilidade de ser o agente".[91]

O ato de indiciamento, quando dissonante dos limites legais que lhe são impostos, caracteriza-se como nulo, devendo ser extirpado do mundo jurídico. A declaração de nulidade pode decorrer de ato da própria autoridade policial presidente do feito, em respeito à sua livre convicção jurídica, ou por intermédio de decisão judicial que determine o seu cancelamento.

O Poder Judiciário, conforme já se tratou em tópico específico, exerce o controle externo da Polícia Judiciária, podendo declarar nulos os atos eivados de ilegalidade. Esse controle é exercido em relação a todos os atos de polícia judiciária e isso fica evidente quando o magistrado profere decisões de relaxamento de prisões em flagrante delito, trancamento de inquéritos policiais carentes de justa causa e cancelamento de indiciamentos ilegais.

Portanto, o indiciamento arbitrário, que não se paute em indícios suficientes de materialidade e autoria delitivas, ou que seja levado a efeito por autoridade que não detém atribuição legal expressa para formalizá-lo, caracteriza-se como um ato ilícito, não gerando qualquer efeito penal ou processual penal em relação à figura do investigado, por afronta às normas -princípio constitucionais fundamentais.

### *5.4.1 Fundamentação do ato de indiciamento*

A Constituição Federal consagra como um dos princípios básicos da Administração Pública o da publicidade[92]. Essa garantia tem por escopo possibilitar o controle dos atos praticados pelos agentes públicos em geral.

Além de estender o princípio da publicidade aos atos administrativos e jurisdicionais do Poder Judiciário, a Carta Maior também é expressa em

---

[91] PITOMBO, Sérgio Marcos de Moraes. *Inquérito...*, p. 314.

[92] Cf. Constituição Federal, artigo 37, *caput*.

exigir a fundamentação desses atos, a fim de tornar concretas as várias modalidades de controle a que estão submetidos.[93]

Decorre, então, diretamente do princípio da publicidade a necessidade de motivação dos atos, como pressuposto de validade implícito no texto constitucional, mesmo em se tratando dos atos praticados pelos demais Poderes da República e seus respectivos órgãos.

Portanto, todo e qualquer ato decisório de natureza processual penal deve ser motivado, sob pena de ferir o princípio do devido processo penal, tido em nosso ordenamento jurídico como uma das principais garantias constitucionais fundamentais.

Essa exigência também se impõe em relação aos atos decisórios de polícia judiciária dos quais decorrem ônus ao investigado, pois se tratam de atos vinculados às normas processuais penais.

Ademais, sem embargo do fato de a atividade de polícia judiciária ser hoje revestida de natureza processual penal, mas exercida por autoridade que integra o Poder Executivo, há que se admitir, conforme já destacado, que os atos praticados no âmbito da Polícia Judiciária possuem caráter essencialmente judicial, por expressa outorga constitucional, aproximando a figura do delegado de polícia à do magistrado.

É o que ocorre, por exemplo, com a decretação da prisão em flagrante delito, com o indiciamento do suspeito e com a efetivação de outros atos constritivos levados a feito pelo delegado de polícia nos autos do inquérito policial, que encerram privação da liberdade e restrição de direitos.

Por esse motivo, impõe-se à autoridade policial a fundamentação do ato de indiciamento, para que as razões da decisão restem explicitadas e possibilitem o exercício do direito de defesa por parte do investigado[94]. Esta obrigatoriedade é imposta, inclusive, por disposição expressa no artigo 2º,

---

93 Cf. Constituição Federal, artigos 37, inciso X, e 93, inciso IX.

94 A Portaria DGP-18/1998, do Delegado Geral de Polícia do Estado de São Paulo, prevê o despacho fundamentado do delegado de polícia que decide pelo indiciamento do investigado: "Art. 5º Logo que reúna, no curso das investigações, elementos suficientes acerca da autoria da infração penal, a autoridade policial procederá ao formal indiciamento do suspeito, decidindo, outrossim, em sendo o caso, pela realização da sua identificação pelo processo dactiloscópico. Parágrafo único. O ato aludido neste artigo deverá ser precedido de despacho fundamentado, no qual a autoridade policial pormenorizará, com base nos elementos probatórios objetivos e subjetivos coligidos na investigação, os motivos de sua convicção quanto a autoria delitiva e a classificação infracional atribuída ao fato, bem assim, com relação à identificação referida, acerca da indispensabilidade da sua promoção, com a demonstração de insuficiência de identificação civil, nos termos da Portaria DGP-18, de 31 de janeiro de 1992. Art. 7º [...] § 2º A tipificação da conduta inicialmente atribuída ao preso no auto de prisão em flagrante será objeto de fundamentação autônoma na respectiva peça flagrancial, expondo a autoridade policial as razões fáticas e jurídicas de convencimento".

§ 6º, da Lei nº 12.830/2013, que disciplina a investigação criminal conduzida pelo delegado de polícia.

O Projeto de novo Código de Processo Penal reitera essa exigência hoje consignada em lei especial e dispõe que, "reunidos os elementos suficientes que apontem para a autoria da infração penal, o delegado de polícia cientificará o investigado, atribuindo-lhe, fundamentadamente, a condição jurídica de 'indiciado', respeitadas todas as garantias constitucionais e legais".[95]

Ressalte-se que não só a decisão de indiciamento nos autos de inquérito policial iniciado por portaria deve ser fundamentada pelo delegado de polícia, mas também o auto de prisão em flagrante delito por ele presidido, pois este, além de impor a privação cautelar do direito à liberdade ambulatória, implica, como peça instauradora do inquérito policial deflagrado pela medida coercitiva, no imediato indiciamento do suspeito.

Por fim, importante registrar a impropriedade trazida pelo § 1º do artigo 31 do Projeto de novo Código de Processo Penal, que passaria a facultar à autoridade policial atribuir ou não a condição de indiciado ao conduzido no auto que formaliza a prisão em flagrante delito.[96]

Não há como conceber a decretação de prisão cautelar em flagrante sem que estejam presentes prova da materialidade e indícios de autoria de um crime (*fumus comissi delicti*), o que, forçosamente, obriga o delegado de polícia, quando da decisão pela prisão, a formalizar a suspeita que recaia sobre o indivíduo, por intermédio do ato de indiciamento. Caso contrário, verificando a ausência de pressupostos para a medida cautelar de natureza pessoal, deverá a autoridade se abster de determinar a constrição do direito de liberdade individual e, consequentemente, deixar de indiciar o conduzido naquele momento procedimental.

## 5.5 VALOR PROBATÓRIO DO INQUÉRITO POLICIAL

É seguro afirmar, neste momento, diante de tudo o que foi até aqui explanado, que o inquérito policial produzido em estrita observância das normas-princípio constitucionais e da legislação processual penal é um procedimento de incontestável valor probatório no processo penal.

Confirma-se isso quando se verifica que o valor da prova no processo é aferido por intermédio de uma análise horizontal ou vertical dos elementos

---

[95] Cf. Projeto de novo Código de Processo Penal, artigo 30.

[96] "Art. 31 [...] §1º A condição de indiciado poderá ser atribuída já no auto de prisão em flagrante ou até o relatório final da autoridade policial."

colhidos, levando em conta o momento de sua produção, a autoridade que a produziu e a finalidade específica de sua formalização.

No âmbito do inquérito policial, o delegado de polícia efetiva uma análise horizontal das provas angariadas na instrução preliminar, as quais poderão fundamentar a construção de um juízo de probabilidade sobre a autoria delitiva e levar à conclusão sobre necessidade de indiciamento do suspeito.

Já a análise vertical é aquela levada a efeito pelo Juízo Criminal, que se aprofundará na valoração das provas para formação de sua convicção jurídica, podendo concluir pela certeza da condenação ou da absolvição do acusado.

Apesar de sua crítica à instrução preliminar promovida pelas polícias italianas, que passaram a cumular funções de polícia preventiva de segurança e de polícia judiciária, Francesco Carnelutti não nega a relevância desses elementos de prova para instrução da ação penal, mas os qualifica de inadequados pela forma como são produzidos naquele país.[97]

Isso porque na Itália "a polícia judiciária é um setor da polícia em geral, constituído de um corpo de agentes e de oficiais, cuja tarefa consiste em 'receber notícias de crimes, impedir que deles resultem consequências ulteriores, assegurar a prova, procurar os culpados e reunir tudo aquilo que possa servir à aplicação da lei penal' (art. 219). Esta é a forma empírica dos 'atos de polícia judiciária' (art. 231 e 232), cujo conceito científico pode ser definido como a urgência de uma intervenção direta para evitar não só consequências ulteriores decorrentes da conduta criminosa, mas, na maior parte dos casos, a perda de provas úteis para o seu esclarecimento".[98]

Na doutrina pátria encontra-se quem sustente que os elementos de prova colhidos no inquérito policial possuem caráter meramente informativo, por serem produzidos extrajudicialmente e por encerrarem apenas a citada valoração horizontal, voltados assim a fundamentar estritamente o ato de indiciamento, as medidas cautelares e de urgência e o juízo de prelibação do magistrado em relação à acusação formal apresentada pelo Ministério Público.

É o que se verifica nos escritos de José Frederico Marques, para quem a investigação criminal tem caráter preparatório e informativo, servindo suas provas de supedâneo apenas para o ajuizamento da ação penal pelo órgão acusador.[99]

---

97 Op. cit., p. 105.

98 Idem, tradução nossa.

99 MARQUES, José Frederico. *Elementos*..., p. 139.

Aury Lopes Júnior também se posiciona nesse sentido, ao aduzir que, "como regra geral, pode-se afirmar que o valor dos elementos coligidos no curso do inquérito policial somente serve para fundamentar medidas de natureza endoprocedimental (cautelares etc.) e, no momento da admissão da acusação, para justificar o processo ou o não processo (arquivamento)".[100]

Por outro lado, existem aqueles que advogam a tese de que o inquérito policial constitui meio de prova legítimo a ser invocado pelo juiz para embasar a sua convicção sobre o mérito da causa, desde que os elementos colhidos durante a fase preliminar tenham observado as garantias processuais fundamentais e se encontrem em consonância com aqueles produzidos judicialmente.

Sérgio Marcos de Moraes Pitombo, em escrito já citado, sustenta que "no procedimento do inquérito, encontra-se, portanto, conjunto de atos de instrução; transitórios uns, de relativo efeito probatório e definitivos outros, de efeito judiciário absoluto".[101]

Joaquim Canuto Mendes de Almeida, por seu turno, explana que a "instrução criminal é atividade de informar-se a autoridade sobre a infração, com todas as suas circunstâncias. Dela depende a imposição da pena ou a aplicação da medida de segurança, em seus aspectos positivos (condenação) e negativos (absolvição), e, então, se denomina instrução definitiva. Entretanto, dela depende, também, liminarmente, a sujeição ou não do indiciado à acusação e, nesse caso, se chama instrução provisória ou preliminar ou, ainda, curtamente, instrução criminal, em sentido estrito".[102]

O magistrado, então, efetiva a análise vertical das provas carreadas aos autos do inquérito policial e, somando-as àquelas produzidas durante a instrução judicial, realiza a valoração aprofundada do conjunto probatório, tomando sua decisão sobre o *meritum causae*.

Esse último posicionamento restou sedimentado com a redação dada pela Lei nº 11.690/2008 ao artigo 155, *caput*, do vigente Código de Processo Penal, dispondo o legislador que o juiz poderá formar sua convicção com base nas provas produzidas no inquérito policial, desde que não paute sua decisão final exclusivamente nelas.

O referido dispositivo legal vai mais além e reconhece a força probante plena do inquérito, ao permitir que o juiz decida com base na prova produzida exclusivamente em sede de polícia judiciária, desde que esta tenha

---

100 LOPES JÚNIOR, Aury. *Direito...*, p. 226.

101 PITOMBO, Sérgio Marcos de Moraes. *Inquérito...*, p. 22.

102 Op. cit., p. 191-192.

natureza cautelar, não possa ser repetida durante o processo judicial ou quando for produzida antecipadamente.[103]

Ressalte-se, também, que foi inserido no capítulo relativo ao exame de corpo de delito e outras perícias do Código de Processo Penal a prerrogativa das partes de formularem quesitos a serem respondidos pelos peritos, não limitando esta faculdade à fase judicial da persecução penal, o que possibilita a sua extensão às perícias realizadas durante o trâmite do inquérito policial, conforme autoriza o artigo 3° do mesmo diploma legal.[104]

Não há como sustentar, portanto, que a redação do § 3° do artigo 159 do Código de Processo Penal, ao se referir a "acusado", afastaria a possibilidade de o investigado apresentar quesitos ao perito na fase extrajudicial, por intermédio de seu defensor técnico.

Esse argumento cai por terra quando analisado o inquérito como instrumento processual de cunho garantista, em que devem ser observadas as normas-princípio constitucionais processuais, dentre elas a ampla defesa, o contraditório mitigado, a igualdade das partes e o consequente direito à prova legitimamente produzida.

Para André Augusto Mendes Machado, "dos princípios do contraditório e da ampla defesa deriva o direito à prova, que pode ser assim conceituado: a possibilidade de as partes demonstrarem a veracidade de suas alegações, a fim de formar o convencimento judicial, por meio da coleta dos dados que entenderem pertinentes e relevantes, bem como da participação nos atos probatórios e manifestação sobre o seu resultado".[105]

Por isso, o inciso XXI, alínea "a", do artigo 7° do Estatuto da Ordem dos Advogados do Brasil, acrescido ao texto original pela Lei n° 13.245/2016, hoje reconhece expressamente a prerrogativa do defensor técnico de apresentar quesitos às perícias requisitadas em procedimentos de investigação criminal.[106]

Seguindo essa mesma linha, o Projeto de novo Código de Processo Penal também propõe disciplinar expressamente o direito dos sujeitos parciais de participar da produção da prova pericial na fase extrajudicial da persecução penal.[107]

---

103 "Art. 155. O juiz formará sua convicção pela livre apreciação da prova produzida em contraditório judicial, não podendo fundamentar sua decisão exclusivamente nos elementos informativos colhidos na investigação, *ressalvadas as provas cautelares, não repetíveis e antecipadas.*"

104 Cf. Código de Processo Penal, artigo 159, §§ 3° e 4°.

105 MACHADO, André Augusto Mendes. *Investigação Criminal Defensiva.* São Paulo: Revista dos Tribunais, 2010, p. 89.

106 "Art. 7° [...] XXI [...] a) apresentar razões e quesitos;"

107 Cf. Projeto de novo Código de Processo Penal: "Art. 201. [...] § 3° Será facultado ao Ministério Público, ao assistente de acusação, à vítima, ao querelante, ao indiciado e ao acusado a formulação de quesitos no prazo de 5 (cinco) dias, contados da nomeação do perito".

Ademais, por força da vigente legislação processual penal, essas provas técnicas, assim como outras produzidas da mesma forma imparcial e isenta pela Polícia Judiciária, servem de base para o oferecimento da denúncia pelo órgão acusador, apresentação de resposta à acusação pela defesa técnica e até mesmo para fundamentar a absolvição sumária do acusado, o que impõe a participação ativa dos sujeitos processuais interessados em sua legítima produção.

Portanto, deferir ao Ministério Público e ao ofendido a prerrogativa de formular quesitos à perícia em sede de inquérito policial e não facultar o mesmo direito ao investigado e sua defesa técnica caracterizaria uma afronta aos princípios constitucionais processuais penais, dentre eles e principalmente a ampla defesa e o contraditório, que impõem tratamento igualitário aos sujeitos parciais da persecução penal.

A produção legítima de provas no procedimento de inquérito policial mostra-se imprescindível para a efetivação da Justiça Penal, pois somente uma instrução preliminar de incontestável valor probatório pode amparar o magistrado em suas decisões, possibilitando que atue com celeridade e segurança jurídica, baseando-se firmemente nos elementos colhidos na fase extrajudicial, sem incorrer em qualquer violação às garantias constitucionais, promovendo, assim, um provimento jurisdicional penal justo.

# CONSIDERAÇÕES FINAIS

Tudo o que foi tratado nesta obra revela a necessidade inadiável de se consolidar no Brasil uma hermenêutica processual penal cunhada nos princípios e valores constitucionais fundamentais do Estado Democrático de Direito, como forma de adequar a aplicação das normas ao modelo de processo penal democrático.

Nessa linha, é possível concluir que a eficiência do Direito Penal aplicado e a sua legitimidade democrática dependem da correta instrumentalização de seus institutos pela via do devido processo penal, sendo este o meio necessário e adequado para a concretização das normas-princípio constitucionais pela via da jurisdição.

A estrutura processual penal democrática se assenta, portanto, no fortalecimento das instituições que instrumentalizam as garantias fundamentais pela via da Justiça Criminal, por isso todas elas têm, indistintamente, suas funções definidas no texto constitucional, como forma de possibilitar a efetivação de uma persecução penal segura e sem desequilíbrios.

A Constituição Federal de 1988 trouxe um grande avanço para a Justiça Penal brasileira no momento em que delineou claramente o papel de cada um dos órgãos que atuam na *persecutio criminis*, zelando para que não haja confusão de funções em detrimento do necessário equilíbrio entre os seus sujeitos processuais.

O constituinte originário atribuiu primordialmente à Polícia Judiciária a atividade de investigação criminal e outorgou a sua direção aos delegados de polícias de carreira, pois estes, como agentes políticos dotados de independência funcional, ocupam a posição de sujeitos imparciais da fase extrajudicial do devido processo penal, exercendo uma carreira jurídica de Estado e atuando à luz do Direito.

Conclui-se, assim, que não é o caso de se implantar um outro modelo de investigação criminal preparatória no Brasil, mas sim de disseminar uma nova consciência jurídica nos atores da Justiça Penal, fazendo-os enxergar que a devida investigação criminal, constitucional e legalmente produzida, constitui-se em uma garantia processual penal fundamental e imprescindível à consolidação de nossa jovem democracia.

Por outro lado, a investigação criminal democrática não pode se pautar em uma ideologia de combate à baixa criminalidade ou ao suposto *inimigo* da sociedade e do Estado, cedendo espaço às pretensões punitivistas, que visam atender aos clamores da mídia sensacionalista e respaldar uma política criminal de *tolerância zero*, seletiva, discriminatória e desproporcional, utilizada como fundamento para sancionar a pobreza e legitimar a adoção de medidas paliativas, apresentadas como remédios milagrosos para curar as chagas profundas de uma sociedade desigual e que caminha a passos lentos na busca pela concretização dos valores humanos consagrados em sua Constituição.

O inquérito policial deve assumir, portanto, a sua verdadeira identidade de procedimento processual penal de cunho garantista, do que decorre a necessidade de observância intransigente, durante o seu trâmite, dos princípios do órgão investigador natural, da ampla defesa, do contraditório mitigado e de outros corolários do devido processo penal.

É por intermédio desse modelo contemporâneo de instrução probatória preliminar, com observância das garantias constitucionais processuais, que se pode contribuir para a segurança jurídica do ulterior provimento jurisdicional penal, possibilitando uma resposta rápida aos delitos praticados, sem violar direitos fundamentais.

Revela-se, assim, imprescindível para consolidação do devido processo penal que seja reconhecida a força probante dos elementos coligidos nos autos do inquérito policial após a sua jurisdicionalização, pois mais vale a segurança jurídica proporcionada por uma instrução prévia, constitucional e legalmente conduzida, do que a busca desenfreada e desmedida por celeridade, desprezando as provas produzidas neste importante filtro preliminar do *jus puniendi* estatal que é a investigação preparatória, em prejuízo ao justo processo.

Por fim, infere-se que somente essa visão democrática possibilita elevar o ser humano ao patamar de principal valor a ser considerado no processo penal, atribuindo à sua dignidade o status de princípio basilar da investigação criminal, vinculando a atuação da Polícia Judiciária e de suas autoridades e agentes às normas-princípio que compõem o sistema constitucional de direitos e garantias fundamentais, sustentáculos do Estado Democrático de Direito.

# BIBLIOGRAFIA


ALEXY, Robert. *Teoria dos Direitos Fundamentais*. 2ª ed. Trad. Virgílio Afonso da Silva. São Paulo: Malheiros, 2012.

ALMEIDA, Joaquim Canuto Mendes de. *Princípios fundamentais do processo penal*. São Paulo: Revista dos Tribunais, 1973.

AZEVEDO, André Boiani; BALDAN, Édson Luís. A preservação do devido processo legal pela investigação defensiva (ou do direito de defender-se provando). *Boletim do Instituto Brasileiro de Ciências Criminais*, v. 11, n. 137, p. 6-8, abr. 2004.

BARBOSA, Ruy. *República, Teoria e Prática*. (Textos doutrinários sobre direitos humanos e políticos consagrados na primeira Constituição da República. Seleção e Coordenação de Hilton Rocha). Petrópolis e Brasília: Vozes e Câmara dos Deputados, 1978.

BARROSO, Luís Roberto. *Curso de direito constitucional contemporâneo: os conceitos fundamentais e a construção do novo modelo*. São Paulo: Saraiva, 2009.

BETTIOL, Giuseppe. *Instituições de Direito e Processo Penal*. Coimbra: Coimbra Editora, 1974.

BITENCOURT, Cezar Roberto. A inconstitucionalidade dos poderes investigatórios do Ministério Público. In: *Ensaios sobre a atividade policial*. Revista Criminal, ano 5, vol. 15, p. 15-49, set.-dez. 2011.

BODEMER, Klaus. Violência e (in)segurança cidadã na América Latina: percepções, dados empíricos e respostas teóricas e políticas. Trad. Cleopas Isaías Santos. In: ESER, Albin... [et al]. *Desenvolvimentos atuais das ciências criminais na Alemanha*. Coords. Kai Ambos e María Laura Böhm. 1ª ed. Brasília: Gazeta Jurídica, 2013.

BONAVIDES, Paulo. *Estado Social e Estado Liberal*. 10ª ed. São Paulo: Malheiros, 2011.

____. *Teoria Constitucional da Democracia Participativa (Por um Direito Constitucional de luta e resistência, por uma Nova Hermenêutica, por uma repolitização da legitimidade)*. 3ª ed. São Paulo: Malheiros, 2008.

CARNELUTTI, Francesco. *Principi Del Processo Penale*. Napoli: Morano Editora, 1960.

CHOUKR, Fauzi Hassan. *Garantias Constitucionais na Investigação Criminal*. 3ª ed. Rio de Janeiro: Lúmen Júris, 2006.

CINTRA, Antonio Carlos de Araújo; GRINOVER, Ada Pellegrini; DINAMARCO, Cândido Rangel. *Teoria geral do processo*. 26ª ed. São Paulo: Malheiros, 2010.

FELDENS, Luciano. *A Constituição Penal: a dupla face da proporcionalidade no controle de normas penais*. Porto Alegre: Livraria do Advogado, 2005.

FERNANDES, Antonio Scarance. *Processo Penal Constitucional*. 7ª ed. São Paulo: Revista dos Tribunais, 2012.

____. *A Reação Defensiva à Imputação*. São Paulo: Revista dos Tribunais, 2002.

FERRAJOLI, Luigi. *Direito e Razão. Teoria do Garantismo Penal*. 4ª ed. Trad. Ana Paula Zomer Sica e outros. São Paulo: Revista dos Tribunais, 2014.

____. O constitucionalismo garantista e o Estado de Direito. Trad. André Karam Trindade. In: FERRAJOLI, Luigi; STRECK, Lênio Luiz; TRINDADE, André Karam (Org.). *Garantismo, hermenêutica e (neo) constitucionalismo: um debate com Luigi Ferrajoli*. Porto Alegre: Livraria do Advogado, 2012.

____. Constitucionalismo Garantista e Neoconstitucionalismo. Trad. André Karam Trindade. In: *Simpósio Nacional de Direito Constitucional da ABDConst. 9*. 2010. Curitiba-PR. Anais eletrônicos do IX Simpósio de Direito Constitucional da ABDConst. Curitiba: ABDConst., 2011, p. 95-113. Disponível em: <http://www.abdconst.com.br/revista3/anaiscompletos.pdf>. Acesso em: 3 set. 2015.

GENOFRE, Roberto Maurício. O papel do juiz criminal na investigação criminal. *Boletim da Associação dos Juízes para a Democracia*, ano 5, n. 23, p. 8-9, jan.-mar. 2001.

GRECO FILHO, Vicente. *Manual de Processo Penal*. 10ª ed. São Paulo: Saraiva, 2013.

GRINOVER, Ada Pellegrini. O Conteúdo da Garantia do Contraditório. In: *Novas Tendências do Direito Processual*. Rio de Janeiro: Editora Forense Universitária, 1990.

GUERRA FILHO, Willis Santiago. *Teoria da ciência jurídica*. 2ª ed. Colab. Henrique Gaberllini Carnio. São Paulo: Saraiva, 2009.

HASSEMER, Winfried. *Introdução aos fundamentos do Direito Penal*. Trad. Pablo Rodrigo Alflen da Silva. Porto Alegre: Editora Sergio Antonio Fabris, 2005.

____. Características e Crises do Moderno Direito Penal. *Revista Síntese Direito Penal e Processual Penal*, ano III, n. 18, 144-157, fev./mar. 2003.

HESSE, Konrad. *A Força Normativa da Constituição*. Trad. Gilmar Ferreira Mendes. Porto Alegre: Editora Sergio Antonio Fabris, 1991.

JAKOBS, Günther. *Fundamentos do direito penal*. 2ª ed. Trad. Luís Callegari. Colab. Lúcia Kalil. São Paulo: Revista dos Tribunais, 2012.

____. Sobre a teoria do direito penal do inimigo. Trad. Eneas Romero de Vasconcelos. In: ESER, Albin...[et al]. *Desenvolvimentos atuais das ciências criminais na Alemanha*. Coords. Kai Ambos e María Laura Böhm. 1ª ed. Brasília: Gazeta Jurídica, 2013.

KANT, Immanuel. *A metafísica dos costumes*. Trad. Edson Bini. Bauru: EDIPRO, 2003.

LASSALLE, Ferdinand. *A Essência da Constituição*. 2ª ed. Trad. Walter Stonner. Rio de Janeiro: Liber Juris, 1988.

LOPES JÚNIOR, Aury. *Direito Processual Penal*. 11ª ed. São Paulo: Saraiva, 2014.

____. *Investigação Preliminar no Processo Penal*. 6ª ed. São Paulo: Saraiva, 2014.

LUISI, Luiz. *Os Princípios Constitucionais Penais*. 2ª ed. Porto Alegre: Editora Sergio Antonio Fabris, 2003.

MACHADO, André Augusto Mendes. *Investigação Criminal Defensiva*. São Paulo: Revista dos Tribunais, 2010.

MARQUES, José Frederico. *Elementos de Direito Processual Penal*. 2ª ed. Campinas: Millennium, 2003, I v.

____. O art. 141, § 4° da Constituição Federal. *Revista da Faculdade de Direito do Ceará*, n. 16, dez. 1962.

MEIRELLES, Hely Lopes. *Direito Administrativo Brasileiro*. 21ª ed. São Paulo: Malheiros, 1995.

MELLO, Celso Antônio Bandeira de. *Curso de Direito Administrativo*. 12ª ed. São Paulo: Malheiros, 2000.

MIRABETE, Julio Fabbrini. *Processo Penal*. 15ª ed. São Paulo: Atlas, 2003.

MIRANDA, Jorge. *Manual de Direito Constitucional (Direitos Fundamentais)*. 5ª ed. Coimbra: Editora Coimbra, 2014, tomo IV.

____; SILVA, Marco Antônio Marques da (Coords.). *Tratado Luso-Brasileiro da Dignidade Humana*. 2ª ed. São Paulo: Quartier Latin, 2008.

MORAES, Alexandre de. *Direito Constitucional*. 30ª ed. São Paulo: Atlas, 2014.

MOREIRA, José Carlos Barbosa. O direito à assistência jurídica: evolução no ordenamento brasileiro de nosso tempo. In: TEIXEIRA, Sálvio de Figueiredo (Org.). *As garantias do cidadão na justiça*. São Paulo: Saraiva, 1993.

NICOLITT, André. *Manual de Processo Penal*. 5ª ed. São Paulo: Revista dos Tribunais, 2004.

NUCCI, Guilherme de Souza. *Manual de Processo Penal e Execução Penal*. 11ª ed. Rio de Janeiro: Editora Forense, 2014.

____. *Organização criminosa*. 1ª ed. São Paulo: Revista dos Tribunais, 2013.

PALAZZO, Francesco C. *Valores Constitucionais e Direito Penal – Um estudo comparado*. Trad. Gérson Pereira dos Santos. Porto Alegre: Editora Sergio Antonio Fabris, 1989.

PEREIRA, Cláudio José Langroiva. *Proteção Jurídico-Penal e Direitos Universais*. São Paulo: Quartier Latin, 2008.

____. *Princípio da oportunidade e justiça penal negociada*. São Paulo: Editora Juarez de Oliveira, 2002.

PERRON, Walter; LÓPEZ-BARAJAS, Inmaculada. O Ministério Público como diretor da investigação no processo penal alemão. Trad. José Raimundo Leite Filho. In: ESER, Albin...[et al]. *Desenvolvimentos atuais das ciências criminais na Alemanha*. Coords. Kai Ambos e María Laura Böhm. 1ª ed. Brasília: Gazeta Jurídica, 2013.

PITOMBO, Sérgio Marcos de Moraes. *Inquérito Policial: novas tendências*. Belém: Cejup, 1987.

____. *O indiciamento como ato de polícia judiciária*. Belém: Cejup, 1986.

PRITTWITZ, Cornelius. A função do direito penal na sociedade globalizada do risco – defesa de um papel necessariamente modesto. Trad. Erika Camargo Vegners. In: ESER, Albin...[et al]. *Desenvolvimentos atuais das ciências criminais na Alemanha*. Coords. Kai Ambos e María Laura Böhm. 1ª ed. Brasília: Gazeta Jurídica, 2013.

QUEIJO, Maria Elizabeth. *O direito de não produzir prova contra si mesmo: o princípio nemo tenetur se detegere e suas decorrências no processo penal*. 2ª ed. São Paulo: Saraiva, 2012.

ROXIN, Claus. *A proteção de bens jurídicos como função do direito penal*. Trad. André Luís Callegari e Nereu José Giacomolli. Porto Alegre: Livraria do Advogado, 2006.

SARLET, Ingo Wolfgang. *A eficácia dos direitos fundamentais: uma teoria geral dos direitos fundamentais na perspectiva constitucional*. 11ª ed. Porto Alegre: Livraria do Advogado, 2012.

____. *Dignidade da pessoa humana e direitos fundamentais na Constituição Federal de 1988*. 9ª ed. 2ª tir. Porto Alegre: Livraria do Advogado, 2012.

SILVA, José Afonso da. *Curso de Direito Constitucional Positivo*. 16ª ed. São Paulo: Malheiros, 1999.

SILVA, Marco Antonio Marques da. *Acesso à Justiça Penal e Estado Democrático de Direito*. São Paulo: Juarez de Oliveira, 2001.

____. Igualdade na Persecução Criminal: Investigação e Produção de Provas nos Limites Constitucionais. In: *Processo Penal e Garantias Constitucionais*. São Paulo: Quartier Latin, 2006.

SILVA, Roberto Ferreira Archanjo da. *Por uma teoria do Direito Processual Penal: organização sistêmica*. São Paulo: Pontifícia Universidade Católica de São Paulo, 2009. Tese (Doutorado em Direito Processual Penal, área de concentração Direito das Relações Sociais).

SILVA SÁNCHEZ, Jesús-María. *A expansão do direito penal: aspectos da política criminal nas sociedades pós-industriais*. Trad. Luiz Otávio de Oliveira Rocha. 3ª ed. São Paulo: Revista dos Tribunais, 2013.

____. *Aproximação ao direito penal contemporâneo*. Trad. Roberto Barbosa Alves. São Paulo: Revista dos Tribunais, 2011.

SILVA JÚNIOR, Walter Nunes da. *Curso de Direito Processual Penal: teoria (constitucional) do processo penal*. Rio de Janeiro: Renovar, 2008.

TAVARES, André Ramos. *Curso de Direito Constitucional*. 12ª ed. São Paulo: Saraiva, 2014.

TOURINHO FILHO, Fernando da Costa. *Processo Penal*. 35ª ed. 2ª tir. São Paulo: Saraiva, 2014, 1 v.

TORNAGHI, Hélio. *Compêndio de Processo Penal*. Rio de Janeiro: Editora José Konfino, 1967, tomo I.

TUCCI, Rogério Lauria. *Direitos e Garantias Individuais no Processo Penal Brasileiro*. 4ª ed. São Paulo: Revista dos Tribunais, 2011.

____. *Teoria do Direito Processual Penal: Jurisdição, Ação e Processo Penal (Estudo Sistemático)*. São Paulo: Revista dos Tribunais, 2002.

____. Indiciamento e qualificação indireta – Fase da Investigação Criminal. *Revista dos Tribunais*, n. 571, 1983, p. 292-294.

Impresso em junho de 2017

Impresso por:

META
SOLUTIONS
www.metasit.com.br